Barbara Himmelsbach

HANDPUPPEN-STÜCKE FÜR STARKE KINDER

35 Spielanregungen zur Förderung sozialer und emotionaler Kompetenzen

Verlag an der Ruhr

IMPRESSUM

Titel
Handpuppen-Stücke für starke Kinder
35 Spielanregungen zur Förderung sozialer und emotionaler Kompetenzen

Autorin
Barbara Himmelsbach

Umschlagmotive
Titel: Photodesign Marion Ott,
Rückseite: Illustration © Katerina Davidenko – Shutterstock.com

Innenteil
Fotos: Photodesign Marion Ott, sofern nicht anders angegeben
Illustrationen: © Katerina Davidenko – Shutterstock.com, sofern nicht anders angegeben

Lektorat
Katia Simon

Druck
AZ Druck und Datentechnik GmbH, Kempten, DE

Verlag an der Ruhr
Mülheim an der Ruhr
www.verlagruhr.de

Geeignet für Kinder von 3–7 Jahren

Verwendete Handpuppen
Bei der gezeigten Handpuppe handelt es sich um das Produkt mit der Originalbezeichnung Kleine Finja W631 von Living Puppets, welche mit freundlicher Genehmigung der Matthies Spielprodukte GmbH & Co. KG verwendet wurde.

ISBN 978-3-8346-4921-8

INHALTSVERZEICHNIS

EINLEITUNG

Puppentheater und Puppenspiele begeistern Kinder. Und auch viele Erwachsene lassen sich von diesem Medium faszinieren. Deshalb findet man Stab- und Klappmaulfiguren, Hand- und Fingerpuppen oder sogar Marionetten in Kinderzimmern und verschiedenen pädagogischen Einrichtungen. Auch viele Kindersendungen arbeiten mit charakterstarken Figuren. In den meisten Grundschulklassen gibt es ein Klassentier und viele Kindertagesstätten und andere Einrichtungen haben eine (Hand-)Puppe, die besondere pädagogische Angebote, wie z. B. Sprachförderung, begleitet. Sie ist bei der Durchführung von Themenwochen dabei und taucht ab und zu im Gruppenalltag oder bei besonderen Festen auf.
Dieses Buch wendet sich an **alle, die für ihr Puppenspiel Hintergrundwissen, Anregungen und Ideen suchen**. Dabei ist unerheblich, ob die Puppe bei Ihnen schon jahrelang im Einsatz ist oder ob Sie neu und ohne Vorerfahrung mit dem Puppenspiel beginnen. Die hier gezeigte Handpuppe ist eine menschliche Kinderfigur. Sie wird mit einer Hand von hinten im Kopf und mit der anderen Hand in der Spielhand geführt.

Der erste Teil dieses Buches ist besonders für diejenigen interessant, die ihr intuitives Puppenspiel durch **Technik** verfeinern oder bereichern möchten und sich näher mit der **Umsetzung für Kinder** beschäftigen wollen. Das **Setting der Handpuppen-Stücke** im zweiten Teil des Buches, die **Rollen der spielenden Personen** und des Publikums werden hier genauso beleuchtet wie **der pädagogische Hintergrund**.
Der zweite Teil des Buches enthält **35 ausgearbeitete Handpuppen-Stücke**, die sofort und ohne große Vorbereitung dargestellt werden können. In den Stücken spielen **eine erwachsene Person und eine Handpuppe** als Figur Nele mit. Nele „erzählt" in den Handpuppen-Stücken der erwachsenen Person – dargestellt von der spielenden Person oder einer weiteren pädagogischen Fachkraft – von ihren Erlebnissen, teilt Gefühle und denkt über die Welt sowie das Leben nach. Dabei werden die Kinder immer wieder am Gespräch beteiligt und oft mit der Frage „Habt ihr eine Idee?" in die Lösungsfindung einbezogen. Diese Handpuppen-Stücke können passend zu **Themenwochen**, zu **Alltagssituationen** in der Gruppe oder einfach so als **Gesprächsanregung** eingesetzt werden.

Info-Box

Unterschied zwischen einer Handpuppe bzw. einer Puppe und einer Figur:
Von Puppe oder Handpuppe wird in diesem Buch immer dann gesprochen, wenn die reale Stoffpuppe gemeint ist.
Zur Figur wird eine Puppe dann, wenn sie durch den Puppenspieler bzw. die Puppenspielerin lebendig wird und ihre Persönlichkeit, ihr Charakter gemeint ist.

Puppenspiel für Kinder und die Arbeit mit diesem Buch gelingt, wenn die Figur mit allen pädagogischen Hintergedanken weniger Mittel zum Zweck ist, sondern vielmehr ein Teil der Kindergruppe wird. (Hand-)Puppenspiel fasziniert fast unabhängig vom Geschick der spielenden Person, also nur Mut! Wenn der Anfang gemacht ist, werden leuchtende Kinderaugen der Dank sein.

Viel Freude wünscht
Barbara Himmelsbach

P.S. Mehr über mich und meine Arbeit erfahren Sie auf meiner Website rikes-seite.de.

EINFÜHRUNG IN DAS SPIEL MIT HANDPUPPEN

SPIELTECHNIK

Puppenspiel gelingt den meisten Menschen intuitiv. Und doch gibt es einige Dinge, die man beachten kann. Deshalb geht es in diesem Kapitel um Grundlagen, Charaktere sowie Sprech- und Spieltechnik.

EINE PUPPE LEBENDIG WERDEN LASSEN

Eine Figur lebt, sobald sie sich regt, sie spricht, sobald sie sich im Sprachrhythmus bewegt. – Dieser Satz beinhaltet die beiden grundlegenden Regeln des Figurentheaters. Beachten Sie das, kann eigentlich jeder Gegenstand zu einer lebendigen Figur werden. Mit der folgenden Übung können Sie es ausprobieren:

© Barbara Himmelsbach

Übung „Lebendiger Gegenstand"

Greifen Sie sich einen beliebigen Gegenstand aus Ihrer Umgebung und geben Sie ihm einen Namen. Besonders einprägsam wird dieser, wenn Sie eine Alliteration benutzen (z. B. Rudi Radiergummi, Steffi Stift, Tanja Taschentuch, Burghard Buch, Lina Lippenstift). Fügen Sie noch ein Adjektiv hinzu, bekommt der Gegenstand sogar einen ersten Charakterzug (z. B. Rudi, das rasende Radiergummi, oder Burghard, das bekümmerte Buch).
Nun holen Sie diesen Gegenstand „ins Leben", indem Sie ihn Geh- oder Hüpfbewegungen machen lassen. Auf diese Weise kann sich der Gegenstand umschauen und sich mit einer Bewegung seiner oberen Hälfte auch Sachen anschauen. Wenn Ihnen dies gelingt und Sie mit einem Augenzwinkern den Gedanken „Was sollen die Leute denken?!" beiseiteschieben, um die kindliche Spielfreude (wieder) zu beleben, sind Sie auf dem Weg, ein guter Puppenspieler bzw. eine gute Puppenspielerin zu werden.

Die Puppe lebt, wenn Sie als puppenspielende Person es wollen. Sie sollten die Puppe bewusst aufwecken und einschlafen bzw. auf- und abgehen lassen.
In einer Kulisse ist das sehr einfach: Die Puppe lebt, sobald sie für die Zuschauenden zu sehen ist, und sie hört erst dann auf, sich zu bewegen, wenn sie abgegangen ist. Auch wenn eine Puppe nicht spricht, lebt sie also trotzdem weiter, d. h. sie bewegt sich leicht, verfolgt z. B. das Gespräch, indem sie die sprechende Person ansieht, oder sie macht kleine Bewegungen mit der Hand. Diese Bewegungen sollten tatsächlich minimal sein, da sie sonst vom Geschehen ablenken.
Spielen Sie nicht in einer Kulisse, sondern benutzen die Puppe einfach so, ist es trotzdem wichtig, die Figur bewusst ins Leben zu holen. Entweder Sie lassen sie ähnlich wie an einer Kulisse, z. B. unter einem Tisch, hervorschauen oder Sie schaffen einen Aufgang, indem Sie sich umdrehen, die Puppe auf die Hand nehmen und sie erst im Zurückdrehen für die Zuschauenden sichtbar wird.
Schön ist es auch, wenn die Figur (wie im zweiten Teil des Buches vorgeschlagen) in einem alten Koffer lebt und aus ihm hervorklettert. Eine weitere Möglichkeit ist, dass Sie die Figur mit den Kindern zusammen wecken, z. B. dadurch, dass Sie 3-mal ihren Namen rufen. Auch eine typische Bewegung oder ein Gähnen kann den Start der Puppenspielsequenz kennzeichnen. Der Abgang der Figur sollte ebenfalls bewusst gestaltet werden, etwa mit immer demselben Satz (z. B. „Ich geh dann mal, Tschüss!").

Übung „Schlafende Puppe“

Nehmen Sie die Handpuppe auf die Hand und legen Sie sie mit dem Kopf in die andere Armbeuge. Lassen Sie die Figur schlafend „atmen“, indem Sie sie gleichmäßig leicht bewegen.
Schon diese kleinen Bewegungen erzeugen bei den Zuschauenden die Vorstellung, dass die Puppe lebendig ist.
Wecken Sie nun die Figur auf, indem Sie ihren Namen rufen. Die Figur erschrickt und schaut sich um.

DEN CHARAKTER FORMEN

Das klassische und seit Jahrhunderten erfolgreiche Kaspertheater hat sehr eindeutige Charaktere. Es gibt dort z. B. den Räuber, der immer böse ist, den Polizisten, der für Ordnung sorgt, die Oma, die lieb ist, die Prinzessin, die gerettet werden muss, und schließlich den Kasper, der als Identifikationsfigur das Geschehen lenkt. Sobald eine Figur auftaucht, weiß der*die Zuschauer*in[1], in welche Richtung sich das Stück entwickeln wird. Die klare Rollenzuschreibung hilft enorm, denn anders als z. B. in einem Roman haben die Zuschauenden nur eine sehr begrenzte Zeit, die Figur kennenzulernen.

Erschaffen Sie also eine neue Figur oder spielen Sie mit mehreren Charakteren, lohnt es sich, einzelne Elemente des menschlichen Daseins überspitzt darzustellen oder sehr starke Charaktere zu kreieren. Erfinden Sie z. B. die gefühlsgeladene Opernsängerin, den lässigen Punker und den übergenauen Bürokraten, haben alle Zuschauenden allein durch die Namensgebung Bilder im Kopf und Erwartungen, wie die Figuren sich verhalten. In Kindergruppen könnten in diesem Sinne etwa ein extrafrecher Rabe oder eine superschüchterne Schnecke in den Dialog treten. Sie würden einzelne Situationen, z. B. Streit um ein Spielzeug, sehr unterschiedlich angehen und so eine Bandbreite von Wahrnehmungs-, Reaktions- und Handlungsmöglichkeiten repräsentieren.

Etwas anders sieht es aus, wenn eine große Puppe als einziger und kindlicher Charakter in einer Kindergruppe genutzt werden soll. Hier kann sich die Persönlichkeit über die Zeit entwickeln und einzelne Facetten des Charakters können nach und nach deutlich werden. Trotzdem lohnt es sich, vor Spielbeginn eine Charakterbeschreibung der Figur inklusive Lebenswelt anzufertigen, um sich so in die Figur hineinzudenken.

Der Charakter einer Figur drückt sich hauptsächlich in drei Bereichen aus.

1. Das Äußere: Oft erkennt man den Charakter schon am Aussehen der Figur. Hat ein Mädchen etwa lange, zottelige Haare, wirkt es frech, hat es dagegen glatte, blonde Haare, denkt man typischerweise an ein braves Kind. Trägt die Figur eine Brille, wirkt sie schlau, hat sie eine Stupsnase, wirkt sie niedlich und meistens etwas jünger. Auch die Kleidung einer menschlichen Figur lässt auf ihren Charakter schließen. So wirkt ein schickes Kleid anders als eine Latzhose und ein Hemd wiederum anders als ein Sweatshirt mit einem großen Aufdruck. Fertig gekaufte Puppen lassen sich durch Kleidungsstücke so leicht verändern.
2. Die Stimme: Sie ist das wichtigste Instrument im Puppenspiel. Gerade bei Figuren, bei denen man im Erscheinungsbild noch keinen Charakter sieht, definiert die Stimme ihn. Dabei sind die folgenden Parameter wichtig: Die Tonlage verrät, ob es sich

[1] Der Verlag an der Ruhr legt großen Wert auf eine geschlechtergerechte und inklusive Sprache. Daher nutzen wir das Gendersternchen, um sowohl männliche und weibliche als auch nichtbinäre Geschlechtsidentitäten einzuschließen. Alternativ verwenden wir neutrale Formulierungen oder vereinzelt Doppelformen.

um einen Mann oder um eine Frau handelt. Hohe Stimmen wirken dabei eher „zickig" oder aufgeregt, tiefe Stimmlagen lassen auf einen gemütlichen Typen schließen. Die Sprechgeschwindigkeit bestimmt das Temperament zu einem großen Teil, z. B. wie aufgeregt bzw. gemächlich ein Charakter reagiert. Sie macht außerdem Zustände und Emotionen wie Nervosität oder Müdigkeit deutlich. Die Wortwahl ist ein weiteres Indiz des Charakters. Schon die Begrüßungsworte „Guten Tag", „Hey", „Hallo" bzw. „Hallöchen" deuten auf unterschiedliche Charaktere hin. Welche Wörter benutzt die Figur sonst? Rutscht ihr schon mal „Sch****" raus oder verwendet sie eher ein gestelztes „Oh, das ist aber dumm"?
Besonderheiten in der Sprache prägen einen Charakter enorm. Das können etwa Lispeln, Stottern oder ein Akzent sein. Je nach Akzent bekommt die Figur die Eigenschaften, die dem jeweiligen Land zugeschrieben werden (z. B. Amerikaner = cool, Spanierin = temperamentvoll usw.).

3. Die Bewegungen: Schon beim Auftreten einer Figur bekommt man eine erste Vorstellung ihres Charakters. Wichtig ist hier, wie schnell und mit welcher Schrittgröße sie erscheint. Die Schrittgröße wird durch die Bewegung der Puppe bestimmt. Puppen „gehen" normalerweise, indem sie U-Bewegungen machen (siehe dazu auch S. 10). Nervöse Typen machen z. B. schnelle, kleine Schritte, verträumte Typen gehen langsam und gucken schon mal in die Luft, forsche Typen gehen dementsprechend zielstrebig mit großen Schritten usw. Falls der Figurentyp eine Hand hat, sind auch die Handbewegungen und Gesten charaktergemäß, z. B. Begrüßungsgesten, Haare raufen, sich über die Haare streichen, die Brille hochschieben.

Was einen Charakter noch kennzeichnet

Schon der Name einer Figur ist keineswegs beliebig. Auch er kann Ausdruck des Charakters sein. So wird beispielsweise Freddy anders agieren als Arthur und Lilly anders als Mechtild. Die Wirkung hängt mit den Assoziationen zusammen, die beim Publikum durch den Klang und die Art des Namens geweckt werden. Auch die Hobbys der Figur sind charakterabhängig. Was macht die Figur gern? Spielt sie Fußball? Oder geht sie zum Ballett und spielt Klavier? Beschäftigt sie sich mit dem Computer oder baut sie Staudämme im Bach? Ist die erwachsene Figur ein Surfer oder eine Leseratte?

Um ein vollständiges Bild einer kindlichen Figur zu bekommen, fehlen nun nur noch das Alter, eine kurze Beschreibung der Familie und des Freundeskreises. Auch eine Beschreibung der Lebenssituation (Wohnen, Arbeit, ggf. Familie) ist wichtig. Je genauer Sie hier im Vorfeld arbeiten, desto klarer ist die Figur nachher und damit für die Zuschauer*innen greifbarer und realer.

Übung „Charakterbeschreibung"

Schauen Sie sich die Puppe genau an und entwickeln Sie eine Charakterbeschreibung. Als Gerüst dafür können die folgenden Fragen dienen:

- Wie **heißt** die Figur?
- Wie **alt** ist sie?
- Wie sieht ihre **familiäre Situation** aus?
- Wie heißen ihre **Freund*innen**?
- Welche **Merkmale in ihrem Äußeren** sind wichtig?
- Welche **Hobbys** hat sie?
- Wie lässt sich ihr **Charakter** beschreiben?

Daraus leiten sich dann weitere Eigenschaften ab: Wie spricht die Figur (Stimmlage, Sprechgeschwindigkeit, Wortwahl, Besonderheiten in der Sprache)? Wie bewegt sie sich (Gehen, Gesten und Handbewegungen)?

SPIELTECHNIK

DAS SPRECHEN ÜBEN

Eine Figur spricht, sobald sie sich im Sprachrhythmus bewegt. Hat die Figur keinen beweglichen Mund (z. B. im Objekttheater, bei Marionetten oder bei Stockpuppen), sind kleine Bewegungen entscheidend für das Gefühl der Zuschauer*innen, dass die Figur wirklich lebt und redet.

Der Sprachrhythmus und damit die Bewegung folgt grundsätzlich den Silben der Wörter. Das Wort „Hallo" hätte dementsprechend zwei Bewegungen. Da zwei Bewegungen kurz hintereinander jedoch zu viel wären, werden nur die Anfangssilben in Bewegung umgesetzt. Bei „Hallo" würde also eine Bewegung der Figur auf „Ha-" erfolgen. Der Satz: „Hallo, hier bin ich." hat (außer bei sehr hektischen Charakteren) zwei Bewegungen, bei „Ha-" und „bin" bewegt sich die Figur leicht. Das lange Wort „Regenbogenstraße" hat drei Bewegungen auf „Re-", „bo-" und „stra-". Es gibt keine Regel, welche Anfangssilben der Wörter in einem Satz betont werden. Das Gefühl dafür ist jedoch bei vielen Menschen intuitiv da oder stellt sich nach ein wenig Übung schnell ein. Wenn weder lange Bewegungspausen entstehen noch die Puppe „hektisch agiert", ist es gut.

Bei Figuren, die einen beweglichen Mund haben, sollte dieser beim „Sprechen" der Silben geöffnet werden. Die Auf-Bewegung ist die Entscheidende. Der Mund schließt sich automatisch, bevor die nächste Auf-Bewegung folgt. Es passiert leicht, dass es so wirkt, als würde die Figur nach Wörtern schnappen. Dies geschieht, wenn der Mund zu schnell wieder geschlossen wird.

Grundsätzlich sollte die Figur immer in die Richtung „schauen", in die sie spricht oder handelt, da die Zuschauer*innen ihren Blick verfolgen und die Aufmerksamkeit auf das gerichtet ist, was die Figur ansieht. Für einige Figurenarten ist es wichtig, dass sich der Daumen der spielenden Person im Unterkiefer der Puppe beim Sprechen nach unten bewegt, nicht die Finger im Oberkiefer nach oben.
So bewegt sich nur der Unterkiefer der Figur und nicht der ganze Kopf. Dies ist notwendig, da die Figur den Augenkontakt zu den Zuschauer*innen behalten soll und ein Nach-hinten-Kippen des Kopfes unnatürlich wirken würde.

Übung „Ein Gegenstand spricht"

Nehmen Sie einen Gegenstand in die Hand. Holen Sie ihn ins Leben, indem Sie ihn bewegen (laufen, hüpfen). Nun lassen Sie ihn „sprechen", indem Sie etwas sagen und passende kleine Bewegungen im Sprachrhythmus machen. So kann der Gegenstand z. B. zu einem anderen Gegenstand „gehen", ihn begrüßen, sich wundern, warum der Gegenstand nicht antwortet, weitergehen etc.

Übung „Mundbewegungen der Puppe"

Nehmen Sie Ihre Puppe und setzen Sie sich nach Möglichkeit vor einen Spiegel. Lassen Sie die Figur nun z. B. über das Wetter klagen, von ihrem letzten Zoobesuch erzählen oder von dem, was sie gestern auf dem Spielplatz erlebt hat. Konzentrieren Sie sich auf die Auf-Bewegung des Mundes zu den Anfangssilben und erzählen Sie so lange, bis Sie ein gutes Gefühl für die Bewegungen haben. Prüfen Sie: Bleibt die Figur dabei im Augenkontakt?

MIMIK, GESTIK UND HANDBEWEGUNGEN NUTZEN

Die in diesem Buch genutzte Handpuppenart hat den großen Vorteil, dass sie mit einem gewissen Anteil an Mimik und Gestik gespielt werden kann. Wie auf den Bildern (z. B. S. 32, 40, 45) zu sehen ist, kann sie über Kopf- und Handbewegungen und auch über die Körpersprache Zustände und Gefühle ausdrücken. Auch viele weitere Puppenarten haben zumindest eine bewegliche Hand, die das Spiel unterstützen kann. Wie schon angesprochen, kann die Handpuppe auch „gehen". Die Schrittlänge wird dabei durch die Bewegung der Puppe bestimmt: Puppen „gehen", indem sie U-Bewegungen machen. Das heißt, Sie starten an einem Punkt, führen die Puppe in Form eines U nach unten und wieder nach oben und schließen direkt das nächste U an. Je nachdem, wie weit Sie dabei nach unten gehen und wie lang gezogen das U ist, entstehen verschiedene Schrittgrößen und damit auch Hinweise auf den Charakter.

Übung „Gefühle darstellen"

Nehmen Sie Ihre Puppe auf die Hand und setzen Sie sich nach Möglichkeit vor einen Spiegel. Nun lassen Sie die Figur bewusst übertrieben folgende Emotionen ausdrücken:

- **sehr traurig:** Figur kommt „angeschlurft", also langsame Geh-Bewegungen in gedehnter, flacher U-Form, Kopf nach unten geneigt, sie nickt beim Gehen nur leicht, dann hinsetzen, Kopf immer noch nach unten, Mund geknautscht, Satz: „Manno, manno, manno, das ist alles sooo doof!"
- **erschreckt:** Figur springt auf, ruckartige Kopfbewegung, schaut sich um, Mund ist geöffnet, Satz: „Huch, was ist das denn?"
- **fröhlich:** Figur macht hüpfende Bewegungen, Kopf schwingt deutlich erkennbar hin und her, dann Kopf geradeaus, Satz: „Oh, da ist ja meine Freundin Sara!"
- **nachdenklich:** Figur hält den Kopf geradeaus, Mund leicht geknautscht, Zeigefinger kratzt am Kopf, Satz: „Hm, warum sagt die nichts?"
- **wütend:** Figur macht stampfende Geh-Bewegungen, Hand in die Hüfte gestemmt, Kopf nach vorn gereckt, Mund beim Sprechen extraweit öffnen, Satz: „Ey, du blöde Kuh!"
- **entschuldigend:** Figur weicht zurück, hält Hand erschrocken vor den geöffneten Mund, dann vor die Augen, Mund geschlossen, Satz: „Oh, du hattest mich gar nicht gesehen."
- **beruhigend:** Figur macht mit der Hand eine wegwerfende Geste nach unten, Satz: „Ach, ist doch nicht so schlimm."

Welche weiteren Situationen oder Gefühle fallen Ihnen ein, die man in Mimik und Gestik umsetzen kann?

Eine Hand, die etwas greifen kann, ermöglicht über die Gestik hinaus Aktionen und lässt das Spiel lebensechter wirken als z. B. bei Puppen, bei denen die Hände über einen Stab bewegt werden.
Nimmt die Figur etwas in die Hand, sollte sie das konzentriert tun. Der Blick der Figur ist dabei auf die Hand gerichtet, da die Blickrichtung die Aufmerksamkeit der Zuschauenden lenkt.
Wird die Hand gerade nicht genutzt, liegt sie locker auf dem Bein der Puppe. Achtung: Die Hand greift nicht an den Bauch, denn dann sieht es für das Publikum so aus, als habe die Figur Bauchschmerzen! Also locker auf das Bein oder beim Spiel an einer Kulisse auf den Kulissenrand legen.

Übung „Bewegungen ausführen“

Setzen Sie sich mit der Puppe möglichst vor einen Spiegel. Nun machen Sie mit der Figur folgende Handbewegungen:

- **über die Haare streichen,** Satz: „Oh, bin ich schön heute!“
- **in der Nase popeln,** Satz: „Hi, hi, das darf aber niemand sehen.“
- **auf etwas zeigen,** Satz: „Da schaut mal!“, dabei in die gezeigte Richtung blicken
- **mit den Fingern zählen,** Satz: „Eins, zwei, drei“, dabei auf die Finger schauen
- **einen Gegenstand aufheben,** beim ersten Mal geradeaus in den Spiegel schauen, beim zweiten Mal auf den Gegenstand schauen – fällt Ihnen der Unterschied auf? In der Regel wirkt es echter, wenn die Figur auf den Gegenstand schaut.
- **eine Tasse in die Hand nehmen und trinken,** beim Greifen der Tasse auf die Tasse schauen
- **eine Pappe in die Hand nehmen und anschauen** (z. B. Schatzkarte), die Pappe unterhalb des Gesichtes halten und darauf schauen, Achtung: weit genug weg von den Augen halten, sonst wirkt es unnatürlich

BEIM SPIELEN BEACHTEN

Die Figur lebt für die Zuschauenden tatsächlich. Auch wenn Kinder ab ca. vier Jahren wahrnehmen, dass ein Mensch die Puppe spielt, können sie gleichzeitig direkt mit der Puppe sprechen und sie als Spielpartner*in akzeptieren. Ab ca. sieben Jahren ist Kindern bewusst, dass die Puppe gespielt wird, sie lassen sich jedoch, wie viele Erwachsene auch, gern auf das Spiel ein.

Dass die Figur für die Zuschauenden real ist, hat für den Umgang mit der Puppe Konsequenzen. Zumindest Kinder sollten die Puppe nicht in die Hand bekommen und sie möglichst auch nicht „leblos“ herumsitzen sehen. Zu groß wäre die Enttäuschung und schon manches Kind hat verzweifelt versucht, eine Puppe durch Schütteln aufzuwecken. Also sollte die Puppe besser sofort nach ihrem Spieleinsatz so weggepackt werden, dass sie für die Kinder nicht erreichbar ist. Dies gilt natürlich nur für die Puppen, die, wie im zweiten Teil des Buches vorgeschlagen, bewusst von einem Erwachsenen im Spiel eingesetzt werden. Kasperfiguren oder weitere Puppen, die für das Spiel der Kinder bereitgestellt werden, sind genau wie anderes Spielzeug einfach im Gruppenraum vorhanden.

Wenn die Person, die die Puppe spielt, sichtbar ist, ist entscheidend, wohin sie schaut. Ihre Aufmerksamkeit lenkt immer die Aufmerksamkeit des Publikums. Schaut der Puppenspieler bzw. die Puppenspielerin das Publikum direkt an, wird kaum jemand auf die Puppe schauen. Schaut die Person dagegen auf die Puppe, so kann die Figur in Aktion treten. Die Kleidung des Puppenspielers bzw. der Puppenspielerin sollte auch deshalb möglichst unauffällig sein. Eine bunt gemusterte Bluse eignet sich ebenso wenig wie ein kariertes Hemd, da beides von der Puppe ablenkt. Am besten geeignet ist ein einfarbig dunkles oder sogar schwarzes Oberteil.

Wenn der Hintergrund, vor dem gespielt wird, beeinflusst werden kann, sollte auch hier eine ruhige Variante gewählt werden. Also zum Beispiel eher eine weiße Wand als ein volles Spielzeugregal, da auch dieses vom Spiel ablenken würde. Wird an einer Kulisse gespielt, sollten besonders die Auf- und Abgänge mit der Puppe geplant und geübt werden. Dabei taucht die Puppe nicht einfach auf, sondern geht auf bzw. ab. An einer frei stehenden Kulisse ohne Seitenteil bewegt sich die Puppe aus dem nicht sichtbaren Bereich (hinten/unten) in den sichtbaren Bereich (vorn/oben) und beim Abgang dann entsprechend umgekehrt. Je nach Charakter geschieht dies wie beschrieben in mehr oder weniger großen U-Bewegungen und mit mehr oder weniger Kopfbewegungen. Auch das Tempo ist dabei charaktergemäß. Kommt die Puppe aus einem Koffer oder einer Tasche und ist das Behältnis für das Publikum sichtbar, sollten Sie auch hier genau schauen, wie das geschieht: Die Puppe sollte eher aus ihrer Behausung klettern, als herausgezogen zu werden.

Die größte Herausforderung beim Spielen vor Kindern ohne Kulisse ist, dass die Kinder die Puppe anfassen wollen und dies häufig auch tun. Hier kann sich die Figur mit Sätzen wie „Aua, Mensch, lass das!" oder einem deutlichen „Halt, Stopp! Ich will das nicht!" zur Wehr setzen. Machen die Kinder weiter, holt sich die Figur die Hilfe einer erwachsenen Person: „Hilfe, ich will das nicht! Mach mal die Kinder da weg!" Die Figur kann nun das Spiel beleidigt abbrechen und in ihrem Koffer verschwinden oder beim nächsten Mal erst dann rauskommen, wenn die Kinder ihr versprechen, sie nicht anzufassen.

Übung „Zur Figur werden"

Zum Abschluss dieses Technikteils nehmen Sie nun Ihre Puppe auf die Hand. Holen Sie sie bewusst ins Leben und gehen Sie mit ihr im Raum umher. Lassen Sie sie zum Beispiel aus dem Fenster schauen und das Wetter kommentieren, lassen Sie sie Gegenstände in die Hand nehmen und wieder hinstellen, reden Sie ggf. mit anderen Puppen oder lassen Sie die Puppe Selbstgespräche führen. Wenn Sie für diese Zeit in den Charakter der Puppe hineingehen und ein Stück weit die Figur „sind", wird das auch für das Publikum spürbar sein.

PUPPENSPIEL FÜR KINDER

Im letzten Kapitel wurden Grundlagen des Figurentheaters behandelt, wie sie für jedes Publikum gelten. Nun geht es speziell um das Puppenspiel für, vor und mit Kindern.

DIE PUPPE AUSWÄHLEN

Wenn Sie neu mit dem Puppenspiel beginnen, stehen Sie vor der Frage, welche Puppenart am besten geeignet ist. Für die Entscheidung sind drei Parameter wichtig. Zunächst die Zielgruppe, also die Frage, wer sitzt im Publikum? Einem feinfühligen Marionettenspiel zu folgen, braucht z. B. mehr Beobachtungsfähigkeit, als einem einfachen Handpuppenspiel zuzuschauen. Ebenso erfordert ein Fingerpuppenspiel mehr Konzentration als ein wild durch die Gegend fliegender Rabe. Dieser fokussiert selbst die Aufmerksamkeit sehr unruhiger Kinder durch seine großzügigen Bewegungen immer wieder auf sich.

Das Alter der Zuschauenden ist ebenfalls wichtig. Eine Identifikation mit der Figur gelingt Kindern im Kindergartenalter eher, je ähnlicher ihnen die Puppenart ist. Eine Tierfigur braucht im Kopf der Kinder eine „Denkbewegung" mehr als eine Kinderfigur, da die Kinder die Tierwelt erst auf ihre übertragen müssen. Für Kinder im Grundschulalter sind dagegen eher Tierfiguren zu empfehlen, da Kinder in diesem Alter Kinderfiguren (zumindest ohne Kulisse) leichter als „nicht echt" abtun. Bei Tierfiguren lassen sie sich eher auf das Spiel ein.

Ein zweiter Parameter für die Entscheidung, welche Puppenart Sie wählen, ist die Frage, was gespielt werden soll. Geht es um einzelne kurze Aktionen, wie z. B. eine Geschenkübergabe oder eine Ansage, oder sollen komplexere Situationen gespielt werden, die ggf. eine Figur mit bespielbarer Hand benötigen? Sollen Emotionen dargestellt werden und hat die Puppenart die dafür sinnvollen Möglichkeiten an Gestik und ggf. sogar Mimik?

Ein dritter Parameter ist die Vorliebe des Puppenspielers bzw. der Puppenspielerin. Mit welcher Puppenart ist das Spiel am einfachsten für die spielende Person? Mit welcher Puppenart gelingt die Handhabung mühelos? Und bei welcher ist die Identifikation mit der entstehenden Figur am einfachsten?

Für die Puppenspiele im zweiten Teil dieses Buches habe ich bewusst die abgebildete Handpuppe gewählt. Dafür gibt es die folgenden Gründe:

- Eine Kinderfigur **erleichtert die Identifikation** für die Zielgruppe Kindergartenkinder.
- Die Beweglichkeit der Puppe und der große Mund erzeugen eine **schnelle Fokussierung der Aufmerksamkeit**.
- Die Spielhand ermöglicht den **Einsatz von Requisiten**. Ein Rabe könnte sie beispielsweise nur im Schnabel halten. Die Hand ermöglicht auch Gestik und damit die Darstellung von Gefühlsinhalten.
- Diese Puppenart ist **gut spielbar** und das **Preis-Leistungs-Verhältnis** stimmt.
- Die kleinere Größe ist **für die Kinder angenehmer**, die bei größeren Puppen eher Respekt oder etwas Angst entwickeln.
- Mehr Kinder haben **dunkle Haare** als z. B. blonde oder rote.

Tipp

Da die Puppen durch die Fertigungsweise in Handarbeit leicht unterschiedlich genäht werden, empfiehlt es sich, sie in einem Spielzeuggeschäft vor dem Kauf auszuprobieren.

PUPPENSPIEL FÜR KINDER

ALLEIN ODER IM TEAM SPIELEN?

Die Puppenspiele im zweiten Teil dieses Buches sind bewusst für ein Team, bestehend aus zwei Personen, ausgelegt. Eine Person führt die Figur und die andere ist als reale Person dabei. Diese bezieht die Kinder in das Spiel mit ein. Alle drei Aufgaben als Einzelperson zu managen, ist eine sehr große Herausforderung. Soll oder kann jedoch nur eine Person spielen, gibt es folgende Möglichkeiten zur Vereinfachung des Spiels:

- **Eine andere Puppenart:** Nehmen Sie eine Puppe ohne bespielbare Hand, z. B. ein Tierpuppe, vereinfacht sich das Spiel, da die Handbewegungen wegfallen.
- **Die Puppe flüstert nur:** Die Figur könnte so schüchtern sein, dass sie nichts „laut" sagt, sondern alles der spielenden Person ins Ohr flüstert. So fällt der Wechsel der Stimmen und ggf. die Spielhand weg. Beides ist eine große Erleichterung für das Spiel. Dann wird natürlich auch nicht der komplette Dialog gespielt. Nach einer Begrüßung nimmt die spielende Person die Figur an ihr Ohr, erzählt den Kindern dann, was die Figur gesagt hat, und lädt die Kids ein, sich dazu zu äußern und mitzudenken.

TEXTE SPRECHEN ODER IMPROVISIEREN?

Von der wortgenauen Wiedergabe geschriebener Texte bis zur freien Improvisation, bei der höchstens ein Thema im Raum steht, gibt es eine Bandbreite an Spielmöglichkeiten. Die Vorteile der wortgenauen Wiedergabe, also des Auswendiglernens, sind die folgenden:

- Die **Sicherheit** für alle spielenden Personen ist größer.
- **Stichworte**, auf die die nächste sprechende Person eingehen soll, kommen rechtzeitig und genau.
- **Die Aufteilung und die Länge von Redebeiträgen** während der gesamten Spielszene stimmen.
- Die Figuren sprechen und handeln ihrem **Charakter gemäß**.
- Bewusst eingebrachte **sprachliche Raffinessen, geplante Handlungen** und **Regieanweisungen** werden umgesetzt.

All diese Punkte sind bei einem Spiel mit vielen Beteiligten und/oder vor einem anspruchsvollen Publikum wichtig. Bei einem Spiel zwischen einer Handpuppe und einer realen Person unter Einbeziehung des Publikums, wie es im zweiten Teil dieses Buches beschrieben wird, kann vor allem mit wachsender Erfahrung gut mehr improvisiert werden.

DEN START MIT DER HANDPUPPE PLANEN

Es ist es sinnvoll, im Team genau zu besprechen, wann, wo und wie oft eine Handpuppe in der Kindergruppe eingesetzt werden soll. So wird für alle deutlich, in welchem Kontext die Puppe zu erwarten ist und wann nicht. Für den Start mit einem Handpuppen-Stück gilt: Je jünger die Kinder sind und je weniger Erfahrung sie mit Handpuppen-Stücken haben, desto vorsichtiger sollte eine Handpuppe eingeführt werden. Fast alle Kinder lassen sich von einem Handpuppen-Stück begeistern. Manche Kinder haben jedoch zumindest am Anfang großen Respekt bis hin zu Angst vor einer Puppe.

Pädagogischer Hintergrund

Für kleine Kinder ist die Handpuppe zunächst ein Ding, das sie nicht einordnen können. Es bewegt sich selbstständig, ist aber kein Tier. Es spricht, ist aber kein Mensch, und die bekannte Person, die die Puppe spielt, verhält sich so anders als gewohnt. Die Frage, ob das Ding gefährlich ist, kann also nicht eindeutig beantwortet werden und die dadurch entstehende Unsicherheit muss zunächst überwunden werden.

PUPPENSPIEL FÜR KINDER

Eine gute Möglichkeit für den Einstieg ist, dass die Figur selbst Angst hat und erst sehr zögerlich auftaucht. Je länger diese „Vorbereitungszeit" dauert, desto mehr steigt die Spannung bei den Kindern und für Angst ist kein Platz mehr. Ein solches Handpuppen-Stück finden Sie am Anfang des zweiten Teils dieses Buches (siehe S. 27). Planen Sie den Einsatz eines sehr forschen, frechen Charakters, passt ein solches Stück natürlich nicht. Dann können Sie über einen zunächst größeren räumlichen Abstand (z. B. andere Ecke des Raumes) oder über Bewegungen, bei denen die Figur noch nicht zu sehen ist (z. B. Wackeln des Koffers oder der Tasche, in der sie sich befindet), Aufmerksamkeit erzeugen und es entsteht für die Kinder eine gewisse Zeit der Vorbereitung, bis die Figur zu sehen ist.
Auch eine Vorbereitung und Vorstellung durch die spielende Person („Ich habe euch heute jemanden mitgebracht …") hilft den Kindern dabei, sich auf das Spiel einzulassen.

Tipp

Generell sollte ein direkter Kontakt der Figur zu einem Kind oder die Ansprache eines einzelnen Kindes nur sehr behutsam erfolgen (kein Händeschütteln zur Begrüßung beim ersten Einsatz der Puppe!).

Spielen Sie an einer Kulisse, wie beim klassischen Kaspertheater, fallen diese Überlegungen weg, da die Kulisse eine sichtbare Barriere bildet und Kinder automatisch in einer gewohnten Publikumsrolle wie z. B. vor einem Fernseher sind.

HÄUFIGEN KINDERFRAGEN BEGEGNEN

- **„Lebt die Puppe wirklich?"**
  Mit dieser Frage sieht sich wohl jede*r Puppenspieler*in irgendwann einmal konfrontiert. Die geschickteste Reaktion darauf ist die Gegenfrage: „Was meinst denn du?"
  So können Sie auf die Vorstellungswelt der Kinder eingehen, ohne selbst Stellung zu beziehen. Ähnlich wie bei Weihnachtsmann, Osterhase, Zahnfee und Co. bleibt dabei die magische Vorstellungswelt des Kindes erhalten, ohne dass die erwachsene Person lügen muss. Beharrt ein Kind jedoch auf einer Antwort der erwachsenen Person, gibt es eine Bandbreite an Möglichkeiten. Ob Sie dann realistisch von einem Stück Stoff sprechen oder fantasievoll eine ganze Puppenparallelwelt erfinden, bleibt dabei ihnen allein überlassen.

- **„Ist der Puppe das in dem Koffer/der Tasche nicht zu eng?"**
  So lautet eine andere häufig gestellte Frage. Haben Sie sich für die Puppenparallelwelt entschieden, könnte der Koffer eine Art Tor oder Zaubertür zur Puppenwelt sein. Die Puppe ist nur kurz darin und geht dann weiter in ihre Welt.
- **„Warum muss die Puppe immer bei dir bleiben?", „Warum steckst du deine Hand da rein?"**
  Auf diese Fragen können Sie folgendermaßen antworten: „Ich helfe ihr, damit sie sich bewegen und reden kann, so ist das einfach bei Puppen." Oder: „Meine Hände sind wie ein Schlüssel. Erst wenn ich sie in die Puppe stecke, bewegt sie sich und redet." So sagen Sie die Wahrheit, ohne die Fantasiewelt zu zerstören.

Vor Spielbeginn sollten Sie sich also im Klaren darüber sein, wie Sie selber zum Puppenspiel stehen und welche Antworten Sie geben möchten. Gut ist auch, dies kurz im Team abzustimmen oder bewusst von „Ich glaube, dass …" zu sprechen. Und „irgendwie" leben die Figuren ja doch, zumindest würden viele Puppenspieler*innen bestätigen, dass die Puppe, wenn sie zur Figur wird, ein gewisses Maß an Eigenleben entwickelt.

WEITERE EINSATZMÖGLICHKEITEN VON HANDPUPPEN

Abgesehen von den Handpuppen-Stücken im zweiten Teil dieses Buches können Handpuppen auch im Alltag einer Kindertagesstätte vielfältig eingesetzt werden. Einige Ideen für weitere Puppenstücke mit Nele und Möglichkeiten für andere Puppen sind im Folgenden aufgelistet. Diese Auflistung ist als Ideenanregung gedacht, um eigene Handpuppen-Stücke zu schreiben oder zu improvisieren.

Die Figur Nele

- Neben den Themen der Handpuppen-Stücke im zweiten Teil des Buches kann Nele sehr einfach **Themen aus dem Jahreskreis** aufgreifen. Sie vertut sich dabei häufig mit den Jahreszeiten und Festen. Sie freut sich im Frühling zum Beispiel darauf, dass bald Winter ist und sie Schlitten fahren kann, oder sie behauptet im September, es sei bald Weihnachten, da es schon Lebkuchen im Supermarkt gibt. In der Adventszeit hat sie alle Türchen des Adventskalenders schon vorher geöffnet oder sie freut sich riesig auf die Geschenke an Weihnachten usw.
- **Religiöse und interkulturelle Themen** oder Themen der **Inklusion** können auf kindgerechte Weise angeregt werden. So könnte Nele fragen, warum Jesus überhaupt geboren wurde, ob es beim Zuckerfest nur Zucker zu essen gibt oder wie sehbehinderte Menschen denn lesen können. Sie kann sich über andere Sprachen wundern oder darüber traurig sein, dass Obdachlose keine Wohnung haben.
- Nele kann **neue Lieder und Spiele** in die Gruppe bringen, indem sie der realen Person erzählt, sie habe in ihrem Kindergarten etwas ganz Tolles gelernt. Meistens fällt ihr dann nicht mehr der ganze Text ein. Die reale Person oder jemand anderes hilft ihr und Nele lernt das Lied bzw. das Spiel mit der Gruppe.
- Auch neue **Rituale für den Morgenkreis** können so mithilfe von Nele eingeführt werden.

Weitere Handpuppen

Gibt es weitere Handpuppen oder andere Puppenarten in der Einrichtung, können sie für folgende Anlässe genutzt werden:

- Handpuppen **erleichtern** manchen Kindern morgens die Trennung von den Eltern, indem sie Spielangebote machen, z. B. so: „Oh, hallo (Name des Kindes), schön, dass du da bist. Wollen wir zusammen ein Buch angucken?"

PUPPENSPIEL FÜR KINDER

- **Ansagen wie „Morgenkreis!", „Aufräumzeit!", oder „Mittagessen!"** können von einer Handpuppe gemacht werden, z. B. von einer Vogelfigur, die durch die Räume fliegt.
- **Geburtstagsgeschenke** können von Handpuppen überreicht werden, z. B. könnte ein liebes Monster auf einem Regal sitzen. An Geburtstagen steht daneben das Geschenk. Soll das Geschenk überreicht werden, nimmt die Monsterfigur es und stellt es in einiger Entfernung zum Geburtstagskind ab.
- Bei den Kindern, die Mittagschlaf machen, könnte eine Handpuppe ein **Einschlaflied** oder einen Vers aufsagen. Dafür eignet sich etwa eine Schneckenfigur, da sie aufgrund ihres Charakters sehr langsam spricht.
- Sollen sich Kinder in der Mittagszeit **ausruhen**, könnte eine Handpuppe diese Ruhe „belohnen". Sind die Kinder ruhig gewesen, kommt die Figur zum Abschluss der Zeit aus ihrem Versteck (z. B. einer Kiste) und bedankt sich für die schöne Ruhezeit. Waren die Kinder zu laut, murmelt sie nur „Muss mich jetzt erst mal ausruhen, heute war es zu laut hier!"
- Wirken Kinder anders als sonst, sitzt ein Kind etwa betrübt in einer Ecke, kann eine Handpuppe vorsichtig **nachfragen**, was denn los ist. Manchmal fällt es Kindern leichter, mit einer Puppe bzw. der Figur als Medium zu sprechen als mit einer erwachsenen Person.
- Auch die **klassischen Handpuppen aus dem Kaspertheater** können vom einfachen Spiel bis zu kleinen Figurentheaterprojekten mit Kindern vielseitig genutzt werden.
- **Sockenpuppen** können mit größeren Kindern leicht selbst angefertigt werden und auch einfache gekaufte Handpuppen-Rohlinge lassen sich gut mit Kindern gestalten.
- **Fingerpuppen** gibt es in vielen Varianten für wenig Geld. Sie sind leicht zu spielen, regen Kinder an, in andere Rollen zu schlüpfen, und fördern damit Fantasie und Rollenspiel.
- Die wohl einfachste Figurenart entsteht, wenn man **zwei Augen** und einen Mund auf den Fingernagel des Zeigefingers malt. So entsteht eine Schlange oder ein Wurm, der sich zum Beispiel in der Faust der anderen Hand verstecken oder einer zweiten Fingernagelschlange begegnen kann. Schon mit so wenig Aufwand und so einfachen Mitteln können tolle kreativ improvisierte Figurentheaterstücke entstehen. Es lohnt sich, dies einfach mal mit den Kindern auszuprobieren!

Buch-Tipp

Möller, Olaf: Große Handpuppen ins Spiel bringen – Technik, Tipps und Tricks für den kreativen Einsatz in Kindergarten, Schule, Familie und Therapie. Ökotopia Verlag 2011, ISBN: 978-3867020176

EIGENE HANDPUPPEN-STÜCKE SCHREIBEN

Um eigene Handpuppen-Stücke zu schreiben, brauchen Sie zunächst einen Anlass, eine Situation oder einen Aufhänger. Dies kann, wie im letzten Abschnitt beschrieben, ein Thema aus dem Jahreskreis sein, ein inhaltlicher Auftakt für ein Projekt, ein neues Lied oder vieles mehr. Auch eine Requisite kann zu einem Aufhänger für ein Stück werden, z. B. im Sommer die Sonnencreme, um zu betonen, wie wichtig es ist, sich einzucremen, im Winter eine Mütze für den leidigen „Mütze-auf!"-Streit, den die Figur mit ihrer Erzieherin hat, ein Bild von einer Biene für das Bienenprojekt oder Ähnliches.
Nun beschreiben Sie den Kern des Stückes. In zwei bis drei Sätzen umreißen Sie dabei die Spielsituation. Beim anschließenden Ausformulieren der Redebeiträge sollten Sie auf Folgendes achten:

- Puppen sprechen in der Regel **in kurzen Sätzen**, also fast ohne Nebensätze.
- Ein Stück lebt von einem **lebendigen Dialog**. Ein schneller Wechsel der Sprechenden, oft schon nach einem Satz, erhöht die Dynamik und damit die Aufmerksamkeit des Publikums. Keine*r der Beteiligten sollte mehr als zwei bis drei Sätze am Stück sprechen, es sei denn, es wird bewusst so geplant. Sollen komplexere Sachverhalte erklärt werden, kann dies immer wieder durch passende Fragen unterbrochen werden.
- Puppen sprechen und handeln **ihrem Charakter gemäß**, also sollten Sie besonders auf die Wortwahl achten. Fragen Sie sich immer: Würde eine Person in diesem Alter so etwas tatsächlich sagen?
- Gibt es schon ein **festes Anfangs- oder Endritual**, das beachtet werden muss, oder soll mit dem neuen Stück ein solches geschaffen werden?
- Soll das **Publikum** einbezogen werden?
- Insgesamt richtet sich die Länge des Stücks nach der geschätzten **Aufmerksamkeitsspanne** des Publikums. Je kleiner die Kinder sind, desto kürzer und einfacher in der Sprache sollte das Stück auch formuliert sein.

Auf einen Blick: eigenes Handpuppen-Stück schreiben

1. Anlass bzw. Situation finden
2. Kern des Stückes formulieren
3. ausformulieren der Redebeiträge

PÄDAGOGISCHER HINTERGRUND

Nachdem in den letzten beiden Kapiteln Spieltechnik und das Spiel für Kinder beschrieben wurden, geht es in diesem Kapitel nun konkret um die Handpuppen-Stücke im zweiten Teil des Buches. Die pädagogische Haltung hinter den Texten, die Rolle der Figur Nele, der puppenspielenden Person und der realen Person werden erläutert. Im letzten Abschnitt befinden sich außerdem Tipps für das Gespräch mit den Kindern.

DIE PÄDAGOGISCHE GRUNDHALTUNG – ANLEITENDE ERZIEHUNG

Die pädagogische Grundhaltung hinter den Handpuppen-Stücken in diesem Buch ist die der anleitenden Erziehung, wie sie in den Elternkursen „Starke Eltern – Starke Kinder®" des Deutschen Kinderschutzbundes vermittelt wird. Erwachsene haben durch ihren Wissens- und Erfahrungsvorsprung und die Verfügungsmacht über ökonomische Ressourcen mehr Macht als Kinder. Erwachsene sind deshalb für Kinder Autoritäten, an denen sie sich orientieren. Orientierung bieten Erziehende, indem sie ihre Rolle und Verantwortung bewusst wahrnehmen und dazu nutzen, Kinder auf dem Lebensweg zu begleiten. Sie bieten auf der einen Seite Halt und Orientierung durch die klare Vermittlung von Normen und Werten und sie leiten auf der anderen Seite Kinder an, eigenständige und selbstbewusste Menschen zu werden.[2]

Die Erziehungshaltung der anleitenden Erziehung beinhaltet die Annahme, dass schon Kinder im Kindergartenalter eine hohe Kompetenz haben, Lösungen für die Herausforderungen ihres Alltags zu finden. Deshalb ist die Frage „Hast du eine Idee?" ein wichtiges Werkzeug, das in diesem Kurs vermittelt wird. Mit dieser Frage werden Kinder herausgefordert, selbst nach Lösungen zu suchen. Sie lernen, zunehmend ziel- und lösungsorientiert zu denken und im Dialog mit anderen verschiedene Handlungsmöglichkeiten zu entwickeln.

Beispiel

Streiten sich zwei Kinder um ein Spielzeug, kann die erwachsene Person ihre Autorität einsetzen, um diesen Streit zu klären. Sie kann jedoch auch gemeinsam mit den Kindern eine Lösung erarbeiten (sie also anleiten), indem sie sich die Situation erklären lässt und den Kindern eine Frage wie „Habt ihr eine Idee, was ihr jetzt machen könnt?" stellt. Finden die Kinder dann keine Lösung, wird die anleitende erwachsene Person ihnen nicht nur eine Lösung, sondern mehrere vorschlagen. Die Kinder haben so die Möglichkeit, sich eine Lösung auszusuchen, und haben gleichzeitig mehrere Handlungsalternativen für eine nächste Streitsituation im Kopf.

Die in den Handpuppen-Stücken im zweiten Teil vorkommende reale Person agiert im Sinne der anleitenden Erziehung. Hat die Figur Nele ein Problem, fordert sie die Kita-Kinder immer wieder heraus, zu überlegen, was sie denn in dieser Situation tun würden.

[2] Vgl. Deutscher Kinderschutzbund (DKSB) Bundesverband e.V. (Hrsg.) (2012): Starke Eltern – Starke Kinder. Elternkurs des Deutschen Kinderschutzbundes – Mehr Freude in der Familie – Handbuch für Elternkursleiterinnen und Elternkursleiter. Eigenverlag des Deutschen Kinderschutzbundes (DKSB) Bundesverband e.V., überarbeitete Neuauflage, S. 9

DIE ROLLE DER REALEN PERSON

Die reale Person in den Handpuppen-Stücken ist eine erwachsene Freundin der Handpuppe Nele. Sie ist keine Handpuppe, sondern ein echter Mensch. Es gibt zwei Möglichkeiten, diese Rolle zu besetzen: Idealerweise **ist** eine Fachkraft der Kita diese Person. Der Name Heike wird dann durch den eigenen Namen ersetzt. Die Figur Nele ist dann eine kleine Freundin, die manchmal in den Kindergarten kommt. Im Laufe der Zeit wird Nele so für die Kinder zu einem selbstverständlichen Teil des Kita-Alltags.

Eine zweite Möglichkeit ist, dass eine erwachsene Person die Rolle Heike nur spielt und dies ggf. durch eine Verkleidung (besonderes Tuch o. Ä.) kennzeichnet. Dann bekommen die Stücke eher einen Bühnencharakter. Die Kinder sind mehr Zuschauende, die das Handpuppen-Stück genießen. Eine Beteiligung wird ihnen etwas schwererfallen, da sie erst einmal verstehen müssen, warum ihre Erzieherin nun Heike genannt wird. In beiden Varianten hat die reale Person eine klare, warmherzige und aufmerksame Haltung gegenüber Nele und den Kindern. Sie gibt keine Ratschläge, sondern hört interessiert zu und fragt ggf. nach. Die reale Person ist Ansprechpartner*in für alle Fragen und bezieht die Kinder immer wieder ein. Schildert Nele also eine Situation, die sie erlebt hat, stellt die reale Person Fragen, wie: „Habt ihr das auch schon erlebt?“, „Was würdet ihr in dieser Situation machen?“, „Habt ihr eine Idee, was Nele nun tun kann?“, „Wie könnte die Situation weitergehen?“.

Die reale Person hält sich selbst und ihre Meinung zurück und regt die Kinder dazu an, über die Situationen nachzudenken. Kommen von den Kindern keine oder wenige Antworten, benennt die reale Person mehrere Möglichkeiten. So überlegt die reale Person etwa laut, was man machen könnte, und stellt damit verschiedene Handlungsmöglichkeiten vor.

Beispiel

Nele hat schlechte Laune, weil sie Streit mit ihrem besten Freund Tom hat. Die beiden haben sich gestern verabredet und überlegt, was sie heute Nachmittag machen wollen. Nele wollte drinnen mit Puppen spielen. Ihr Freund Tom wollte nach draußen in den Garten und es gab deswegen großen Streit.
Kommen von den Kindern keine Ideen, wie so eine Situation gelöst werden könnte, überlegt die reale Person. Sie sagt dann z. B.: „Also wenn ihr das nächste Mal so einen Streit habt, könnte ich mir vorstellen, dass ihr erst das eine und dann das andere macht. Ich könnte mir aber auch vorstellen, dass ihr euch etwas ganz anderes überlegt, das ihr beide wollt. Oder du, Nele, spielst erst mal mit Puppen und Tom spielt erst mal im Garten und ihr macht nachher etwas zusammen. Kinder, was meint ihr, was wäre die beste Möglichkeit?“

Je mehr Handlungsalternativen die reale Person benennt oder mit den Kindern sammelt, desto mehr Ideen haben die Kinder dann schon mal gehört und – wenn es gut läuft – in eigenen Situationen parat.

Wurden mehrere Lösungsmöglichkeiten für eine Situation gesammelt, dürfen sich die Kinder oder Nele eine Lösung aussuchen.

PÄDAGOGISCHER HINTERGRUND

DIE ROLLE DER PUPPENSPIELENDEN PERSON UND DER HANDPUPPE NELE

Die Rolle der puppenspielenden Person ist schnell erklärt: Sie führt die Puppe. Dabei ist ihre Aufmerksamkeit auf die Puppe gerichtet, denn mit ihrer Aufmerksamkeit – insbesondere mit ihrem Blick – lenkt sie die Aufmerksamkeit der Zuschauer*innen. Nur zwischendurch und kurz schaut sie auf die zuschauenden Kinder, um ihre Reaktionen zu erfassen.

Die Figur Nele ist fünf Jahre alt und geht – wenn sie nicht gerade die Kita-Gruppe besucht – in einen Puppenkindergarten. Mit ihren Eltern, ihrem besten Freund Tom, ihrer Freundin Lisa und ihrem Bruder Ben erlebt sie viele Dinge, die sie der realen Person erzählt. Nele ist ein fröhliches, offenes und aufgewecktes Mädchen, das eine hohe Sozial- und Sprachkompetenz hat, gern Dinge hinterfragt und sich Gedanken über die Welt und das Leben macht. Sie würde eher Fußball spielen, als sich zu schminken, ist neugierig und sagt ihre Meinung deutlich.

Zu Nele passt eine weiche und hohe Kinderstimme. Sie geht normalerweise etwas hüpfend mit leichten Kopfbewegungen.

Das wohl Wichtigste ist, dass die Figur Nele durchgängig in ihrer Rolle als Kind bleibt. Sie ist weder eine erwachsene Person noch ein perfektes Kind, sondern hat wie jeder Mensch auch Schwächen. Sie hat eine kindliche Vorstellung der Welt, versteht vieles nicht und reimt sich ihre Sicht zusammen. Sie moralisiert nicht und pädagogisch wertvolle Ideen rutschen ihr höchstens zufällig raus. Dafür erlebt sie in ihrem Alltag eine Menge Dinge und bringt diese in die Gruppe ein, indem sie der realen Person davon erzählt. Ihre Rolle ist es also hauptsächlich, die Situation zu beschreiben. Bei dem anschließenden Gespräch hält sie sich zurück.

PÄDAGOGISCHER HINTERGRUND

Ist Nele schon längere Zeit in der Gruppe aktiv und den Kindern vertraut, kann sie sich als „Lösungserfinderin" anbieten. Haben die Kinder also ein Problem, können sie damit zu Nele kommen. Zum Start hierfür eignet sich das Handpuppen-Stück „Nele als Lösungserfinderin" (siehe S. 39). In diesem Stück weiß Nele nun endlich, was sie werden will, wenn sie groß ist, nämlich „Lösungserfinderin". Heike erklärt ihr, dass es so etwas tatsächlich gibt. Es gibt Beratungsstellen, in denen Menschen arbeiten, zu denen andere Menschen kommen können, wenn sie ein Problem haben. Voller Freude bietet Nele den Kindern und Erzieher*innen an, dass sie zu ihr kommen können, wenn sie ein Problem haben.

Ergibt sich im Gruppenalltag dann tatsächlich eine Situation, die die Kinder – oder die Erzieher*innen – mit Nele besprechen wollen, gelten folgende Hinweise für die Figur Nele: Nele bleibt Kind, immer! Sie fragt so lange nach, bis sie die Situation verstanden hat. Dann macht sie vielleicht einen Vorschlag, der nicht so gut ist (z. B. „hauen") und die Kinder werden gefragt, ob sie das für eine gute Idee halten. Häufig jedoch gesteht Nele ein, dass sie das jetzt auch nicht so richtig weiß. Damit hat die reale Person wieder die Möglichkeit, die Kinder der Gruppe zu fragen und so in die Lösungsfindung einzubeziehen. Neles Rolle ist hier also, die vorgebrachte Situation durch Nachfragen verstehbar zu machen und dann zu einem gemeinsamen Gespräch überzuleiten.

Beispiel

In der Gruppe werden immer wieder Kinder vom Spiel ausgeschlossen. In einem Handpuppen-Stück (z. B. im nächsten Morgenkreis) erzählt die reale Person der Figur Nele als Lösungserfinderin davon. Nele fragt zunächst nach, was denn gespielt wurde, und die Erzieherin erklärt ihr die Situation genau (ohne Namen zu nennen!). Nele hat dann den Vorschlag, dass Heike die Kinder ausschimpfen oder verhauen soll. Heike fragt die Kinder, ob das eine gute Idee ist, und klärt, dass Hauen nie gut ist. Nele überlegt weiter und ihr fällt nichts ein. Heike fragt deshalb die Kinder der Gruppe, ob sie eine Idee haben, und lenkt das Gespräch so in die Gruppe.

WORAUF ES BEIM GESPRÄCH MIT KINDERN ANKOMMT

Damit sich Kinder gut an den Gesprächen in den Puppen-Stücken beteiligen können, werden im Folgenden einige Aspekte beschrieben, die Sie beachten können.

- **Kinder an Gespräche gewöhnen** – Je nachdem, wie sehr die Kinder der Gruppe es gewohnt sind, Themen im Morgenkreis zu besprechen, wird der Start mit der Handpuppe unterschiedlich sein. Wurden auch vorher schon Situationen gemeinsam besprochen? Wurden Dinge wie Bastelarbeiten, Ausflüge oder Projekte gemeinsam geplant? Sind die Kinder es also gewohnt, etwas in der Gruppe zu sagen? Dann wird der Gruppe der Start leichtfallen. Bestand der Morgenkreis bisher eher aus Ritualen und Sie haben die Kinder wenig nach ihrer Meinung gefragt, braucht es mehr Zeit, bis gemeinsame Gespräche zustande kommen. Dann ist es hilfreich, mit einfachen Fragen, wie „Habt ihr das auch schon erlebt?" oder „Wer von euch kennt diese Situation?" zu starten. Erst nach und nach sollten Sie die Kinder bei einfachen Fragen und Lösungsfindungen einbeziehen. Die Zuversicht, dass die Kinder in der Lage sind, Lösungen zu finden, und der Mut, auch holprige Anfänge in Kauf zu nehmen, sind hier entscheidend. Wagen Sie diese Art von Gesprächen, kommen oft überraschend gute Antworten und die Kinder lernen, sich selber Lösungen zu überlegen.

- **Alles darf gesagt werden** – Damit Kinder sich trauen, in einer Gruppe etwas zu sagen, braucht es eine Atmosphäre, in der alles gesagt werden darf. Die Antworten der Kinder werden also nicht bewertet, sondern nebeneinander stehen gelassen. Bildlich gesprochen werden sie wie Blumen für einen Blumenstrauß gesammelt. Alles bleibt erst mal stehen und am Ende wird eine Lösung herausgesucht.

Beispiel

Nele hat Streit mit Tim und ein Kind schlägt vor, Nele soll Tim einfach nie mehr treffen. Statt das zu bewerten, z. B. zu sagen: „Das wäre aber schade!", wird die reale Person nun so etwas äußern wie: „Ah, das wäre eine Möglichkeit. Hast du noch eine andere Idee? Oder fällt jemand anderem etwas ein?". Auf diese Art wird das Kind nicht zurückgewiesen, sondern dazu eingeladen, weiterzudenken und noch andere Ideen zu nennen.

PÄDAGOGISCHER HINTERGRUND

- **Den Entwicklungsstand berücksichtigen –** Sich an dem Gespräch zu beteiligen, setzt bei den Kindern einiges voraus. Sie müssen die Situation verstehen und kognitiv in der Lage sein, Handlungen zu planen und sich sprachlich auszudrücken. Je nachdem, wie gut die sozialen, emotionalen und kommunikativen Kompetenzen entwickelt sind, wird es einigen Kindern leichterfallen als anderen, sich an Gesprächen zu beteiligen. Es gibt beispielsweise Dreijährige, die klar sagen können: „Wenn ich wütend bin, dann haue ich am liebsten alles kaputt. Dann gibt es Ärger und ich schreie ganz laut." Und es gibt Vorschulkinder, die gar nicht merken, wenn sie wütend werden, und daher die auf die Wut folgenden Handlungen kaum steuern können.

- **Weitere Gesprächsmöglichkeiten bieten –** Manche Kinder – vor allem fernsehgewohnte – nehmen die Handpuppen-Stücke einfach hin und denken nicht weiter darüber nach. Bei anderen hingegen arbeiten die gespielten Situationen im Kopf weiter. Sie sollten sich also darauf einstellen, dass Kinder sich auch später noch im eigenen Spiel oder in Gesprächssituationen mit dem Handpuppen-Stück beschäftigen. Eine gute Möglichkeit, gerade die kleineren Kinder der Gruppe zu fördern, ergibt sich in der Wickelsituation. Mit einer Frage wie: „Sag mal, was war denn heute Morgen bei Nele los?" erfahren Sie einerseits, was das Kind verstanden hat, und können andererseits das Thema vertiefen und erweitern. Auch bei einem gemeinsam eingenommenen Mittagessen können Sie das Gespräch auf das Handpuppen-Stück im Morgenkreis lenken und so eine Gesprächsmöglichkeit in einer kleineren Runde bieten.

PRAXISTEIL:
HANDPUPPEN-STÜCKE

DIE HANDPUPPEN-STÜCKE

Die Handpuppen-Stücke in diesem zweiten Teil des Buches sind für eine reale Person und eine*n Puppenspieler*in mit der Handpuppe Nele konzipiert. Eine genauere Beschreibung der Rollen finden Sie in den Kapiteln „Die Rolle der realen Person" (siehe S. 20) und „Die Rolle der puppenspielenden Person und der Handpuppe Nele" (siehe S. 21) im ersten Teil des Buches. Gespielt wird vor und mit einer Gruppe von Kindern im Alter zwischen drei und sechs Jahren, die im Halbkreis vor Nele und der realen Person sitzen. Zu Beginn der Stücke ist Nele (fast) immer in ihrem Koffer (oder in einer ähnlichen Behausung) und kommt daraus hervor. Dann entspinnt sich ein Dialog zwischen ihr und der realen Person, in den die Kinder meistens einbezogen werden. Am Ende verschwindet Nele wieder in ihrem Koffer, der außer Reichweite der Kinder gebracht wird.

ZU DEN THEMEN DER HANDPUPPEN-STÜCKE

Die Themen der Handpuppen-Stücke sind dem Alltag von Kindergartenkindern entnommen. Die Stücke in den ersten drei Kapiteln eignen sich für die Gestaltung von Themenreihen. Die Stücke der letzten beiden Kapitel sind eher einzeln zu spielen, wenn die enthaltenen Themen situativ zum Gruppengeschehen passen. Folgende pädagogische Hintergedanken beeinflussten die Auswahl der Kapitel-Themen:

- **Thema „Ich bin Ich"** – Im Kindergarten erleben sich die meisten Kinder zum ersten Mal allein außerhalb ihrer Herkunftsfamilie. Die Ich-Identität bildet sich aus und die Frage „Wer bin ich?" wird ein erstes Mal beantwortet. Zunehmend werden auch Fremdwahrnehmungen und Fremdbewertungen in das Selbstbild aufgenommen. Alle Körperteile zu benennen und Einmaligkeit und Diversität wahrzunehmen, wird in diesem Themenkomplex genauso aufgegriffen wie der Unterschied zwischen Können und Wollen.
- **Thema „Gesundheit"** – Die meisten neueren Studien zu Ernährung, Bewegung und gesundheitsbewusstem Verhalten von Kindern zeigen Defizite auf. Daher ist es naheliegend, Gesundheit schon im Kita-Alltag zum Thema zu machen. Ernährung, Zahngesundheit, Bewegung und der Umgang mit Verletzung und Krankheit werden in den Stücken aufgegriffen.
- **Thema „Gefühle"** – Zu erkennen, wie man sich selbst fühlt, und eine Vorstellung davon zu haben, wie sich andere fühlen, ist eine Grundlage für soziale Kompetenz, die im Kindergartenalter gebildet wird. Können Kinder ihre Gefühle benennen, fällt es ihnen zudem leichter, die anschließenden Handlungen zu kontrollieren. Der Alltag von Kindergartenkindern bietet viele Anlässe, um sowohl über die vier Grundgefühle Wut, Angst, Trauer und Freude als auch über das Gefühl Eifersucht zu sprechen. Betont werden in den Handpuppen-Stücken vor allem die Handlungsmöglichkeiten in den Situationen und die guten Seiten der zunächst als negativ erlebten Gefühle.
- **Thema „Streiten und Vertragen"** – Fast immer, wenn Kinder längere Zeit miteinander spielen, gibt es Auseinandersetzungen und Streit. In diesem Kapitel werden verschiedene Streitsituationen ebenso beleuchtet wie das Thema „Grenzen setzen". Das Stück „Küssen verboten" empfiehlt sich zudem im Rahmen der Missbrauchsprävention.
- **Thema „Gutes Miteinander"** – Schimpfwörter vermeiden, Höflichkeitsregeln beachten und Dinge teilen, eigene Fehler zugeben und einen guten Umgang mit Fehlern anderer finden, all dies sind Herausforderungen, die Kinder und auch Erwachsene meistern müssen, damit ein gutes Miteinander in der Gruppe entsteht.

DIE HANDPUPPEN-STÜCKE

NELE STELLT SICH VOR – DAS HANDPUPPEN-STÜCK ZUM START

- **Thema:** Vorstellung der Figur
- **Situation:** Nele ist zum ersten Mal in der Kindergruppe und stellt sich vor.
- **Requisiten:** keine

Pädagogischer Hintergrund

Manche Kinder haben zunächst Respekt oder sogar etwas Angst vor Handpuppen. Sie können dieses Wesen, das sich selbst bewegt und spricht, jedoch kein Mensch und kein Tier ist, nicht einordnen. Damit sich alle Kinder trotzdem auf das Spiel einlassen können, ist der behutsame Start mit der Handpuppe wichtig. Je jünger die Kinder sind und je weniger Erfahrung sie mit Puppenspielen haben, desto vorsichtiger sollte die puppenspielende Person sein. Die Puppe Nele könnte dann auch erst mal beim Koffer sitzen bleiben, also in einiger Entfernung zu den Kindern. Ziel dieses ersten Stücks ist die reine Vorstellung der Figur Nele.

Das Handpuppen-Stück

*Der Koffer steht etwas entfernt von den Kindern. Der*die Puppenspieler*in öffnet ihn und nimmt Nele auf die Hand. Nele bleibt jedoch zunächst im Koffer.*

Heike: Hallo, Kinder, ihr habt euch sicher schon gefragt, was es mit diesem Koffer auf sich hat. Hat jemand eine Idee, was darin sein könnte? *(Die Kinder antworten.)* Also, ich verrate es euch. In diesem Koffer wohnt meine kleine Freundin Nele. Sie wollte mal schauen, wo ich so arbeite. Und wenn es ihr hier gefällt, kommt sie uns vielleicht noch öfter besuchen. Nele?

Nele: *(bleibt im Koffer, ängstlich)* Jaaa?

Heike: Hallo, schön dass du da bist. Magst du mal rauskommen?

Nele: Also ehrlich gesagt, nein.

Heike: Was ist denn los?

Nele: Na ja, ich habe da so viele Kinderstimmen gehört …

Heike: Ja klar, ich habe dir doch erzählt, dass ich in einem Kindergarten arbeite.

Nele: Ja schon, aber …

Heike: Aber?

Nele: Sind die Kinder auch nett?

Heike: Klar sind die Kinder nett.

Nele: *(zögerlich)* Na dann ist ja gut, irgendwie hab ich ein bisschen Angst.

Heike: Kinder, braucht Nele Angst vor euch zu haben? Seid ihr gefährlich? *(Die Kinder antworten.)* Hast du das gehört, Nele? Auch die Kinder sagen, dass du keine Angst zu haben brauchst.

Nele: Na gut, dann schau ich mal. *(guckt vorsichtig über den Rand des Koffers, winkt schüchtern)*

Heike: Schön, das du dich traust, magst du jetzt zu uns kommen?

Nele: Ja. *(Nele klettert aus ihrem Koffer, wird zu den Kindern getragen und setzt sich auf den Schoß der spielenden Person.)*

Heike: Ach, das ist wunderbar! Jetzt kann ich dich richtig begrüßen: Hallo, Nele!

Nele: Hallo, Heike!

Heike: Kinder, begrüßt ihr Nele auch? Kommt wir sagen alle zusammen „Hallo, Nele“ bei drei. Also, 1 – 2 – 3 – Hallo, Nele! *(alle gemeinsam)*

Nele: Ui, das war aber nett von euch.

Heike: Wir sind eigentlich immer nett und jetzt siehst du mal genau, wo ich arbeite.

Nele: *(guckt sich um)* Hier ist es ja wirklich toll, vor allem *(benennt ein Spielzeug im Raum)*.

Heike: Damit spielen die Kinder hier auch gern. Nele, magst du dich eigentlich mal vorstellen?

Nele: Vorstellen?

Heike: Also, ich meine, zum Beispiel sagen, wie du heißt …

Nele: Na, Nele …

Heike: *(lacht)* Okay, dann frage ich dich einfach: Wie alt bist du?

Nele: Aber das weißt du doch!

Heike: *(lacht wieder)* Ja, ich schon, aber die Kinder nicht.

Nele: Also, ich bin fünf Jahre alt und schon ein Vorschulkind!

Heike: Ja, schau mal, der *(Name eines Kindes in der Gruppe)* und die *(Name eines Kindes in der Gruppe)* sind auch schon Vorschulkinder.

Nele: Echt?

Heike: Ja, die gibt es nicht nur in deinem Kindergarten.

Nele: Cool.

Heike: Und was spielst du so gern?

Nele: Also, am liebsten spiele ich mit Tom, meinem besten Freund. Und da spielen wir eigentlich alles.

Heike: Alles? Was denn?

Nele: Na, du willst aber viel wissen. Na, alles halt! Fußball, Mutter-Vater-Kind, im Sandkasten, mit Bausteinen und so.

Heike: Danke, Nele, ich glaube, jetzt kennen wir dich ein bisschen.

Nele: Du, Heike, das ist richtig schön hier! Darf ich wohl noch mal wiederkommen?

Heike: Fragen wir doch mal: Kinder, darf Nele uns wieder besuchen ? *(Die Kinder antworten.)*

Nele: Oh, toll, jetzt muss ich aber los in meinen Kindergarten.

Heike: Ach ja, es ist schon so spät. Tschüss, Nele!

Nele: Tschüss, Heike!

*Nele wird von dem*der Puppenspieler*in wieder in ihren Koffer getragen. Dieser wird anschließend aus dem Raum gebracht, sodass die Kinder nicht herankommen.*

FÜNF BEINE

- **Themen:** Körperteile benennen, Körperwahrnehmung
- **Situation:** Nele lernt in ihrem Kindergarten gerade, alle Körperteile zu benennen. Sie erzählt den Kindern, dass sie fünf Beine habe.
- **Requisiten:** keine

Pädagogischer Hintergrund

Kopf, Bauch und Fuß können alle Kinder benennen, aber wie sieht es mit Ellenbogen, Schläfe und Ferse aus? Das Handpuppen-Stück unterstützt bei der Körperwahrnehmung und erweitert den Wortschatz.

Das Handpuppen-Stück

Nele kommt kichernd aus ihrem Koffer.

Heike: Oh, hallo, Nele, du hast aber gute Laune heute.

Nele: *(kichert)* Hallo, Heike, ja!

Heike: Und, was ist der Grund dafür?

Nele: Heike, sag mal, wie viele Beine hast du?

Heike: Na, zwei natürlich.

Nele: Falsch!

Heike: Wie, falsch? Also *(zeigt auf ihre Beine)* das sind eins und zwei Beine.

Nele: *(kichert)* Ja, trotzdem falsch!

Heike: Hm, Kinder, wie viele Beine habt ihr denn? *(Kinder antworten)*

Nele: *(geheimnisvoll)* Also, ich habe fünf Beine.

Heike: Wie, du hast fünf Beine?

Nele: Ja, und ihr auch!

Heike: *(guckt auf ihre Beine)* Also das musst du uns erklären. Ich sehe nur zwei.

Nele: Hi, hi, da unten hast du natürlich nur zwei Beine, klar.
Aber du hast noch welche weiter oben!

Heike: Hm, wo denn?

Nele: Ganz oben.

Heike: Hier? *(zeigt auf die Brust)*

Nele: Nein, noch weiter oben!

Heike: Na, nun mach es nicht so spannend! Wo denn?

Nele: An deiner Nase!

ICH BIN ICH

Heike: Hä?

Nele: Das Nasenbein!

Heike: Ach so, ja klar! Der Knochen in der Nase hier *(fasst sich daran)*, der heißt ja Nasenbein. Kinder, fühlt mal, habt ihr da an der Nase auch einen Knochen?

Nele: Siehste, jetzt sind es schon drei Beine *(lacht)*.

Heike: *(lacht ebenfalls)* Okay, stimmt. Nun bin ich gespannt, wo noch Beine sind.

Nele: Na hier *(zeigt auf ihre Schulter)*. Die heißen … äh … Schlossbeine oder so ähnlich.

Heike: Ach, du meinst die Schlüsselbeine?

Nele: Ja, genau!

Heike: Stimmt! Kinder, fühlt mal, hier oben an eurer Schulter. Der Knochen heißt Schlüsselbein.

Nele: Genau! Und weil es die rechts und links gibt, haben alle Menschen *(zeigt auf die Körperteile)* eins, zwei, drei, vier fünf Beine!

Heike: Stimmt! Mensch, Nele, wo hast du das denn gelernt?

Nele: Also, bei mir im Kindergarten, da singen wir immer so ein Lied „Kopf, Schulter, Knie und Zeh". Und gestern war dann mein Onkel bei uns zu Hause und der hat mir das mit den fünf Beinen erklärt.

Heike: Ach, Nele, das Lied kenne ich, das könnte ich eigentlich auch mal mit den Kindern hier singen.

Nele: Mach das! Und dann kannst du den Kindern auch erklären, wo der Ellenbogen, die Ferse und die Schläfe sind.

Heike: Magst du das nicht erklären?

Nele: Nee, ich weiß das ja schon. Und ich muss jetzt los in meinen Kindergarten. Ich bin gespannt, ob meine Erzieherin das mit den fünf Beinen auch versteht. *(kichert)* Die wird staunen …

Heike: Alles klar, dann viel Spaß dir!

Nele: Tschüss!

Tipp

Im Anschluss an das Handpuppen-Stück können Sie mit den Kindern weitere Namen von Körperteilen sammeln. Auch das im Stück vorgeschlagene Lied oder ein anderes Lied zu den Körperteilen passt gut zu dem Angebot. Bei sprachlich fitten Kindern können Sie weitere „Beine" wie Schienbein, Steißbein oder Jochbein dazunehmen. Sie können erklären, dass „Bein" ein altes Wort für Knochen ist.

ICH BIN ICH

ALLE SIND EINMALIG

- **Thema:** Einmaligkeit
- **Situation:** Nele hat gerade auf dem Weg in die Kita Zwillinge gesehen, die genau gleich aussehen. Nun fragt sie sich, wie die Mutter die beiden auseinanderhalten kann. Gemeinsam mit Heike und den Kindern überlegt Nele, wie der Mutter das gelingen könnte.
- **Requisiten:** keine

Pädagogischer Hintergrund

Zur Entwicklung eines gesunden Selbstbildes gehört es, zu erleben, dass man selbst einmalig ist. Die älteren Kids werden eventuell schon mitbekommen haben, dass die Polizei über Fingerabdrücke Verbrecher*innen identifiziert, deshalb ist das Thema für sie besonders spannend.

Das Handpuppen-Stück

Nele kommt nachdenklich aus ihrem Koffer.

Nele: *(murmelt vor sich hin)* Die haben wirklich gleich ausgesehen, also so ganz, ganz gleich.

Heike: Hallo, Nele, sag mal, was murmelst du da vor dich hin?

Nele: Na, dass die gleich ausgesehen haben!

Heike: Wer hat gleich ausgesehen?

Nele: Na, die Kinder!

Heike: Welche Kinder? Also das musst du uns genauer erklären.

Nele: Also, gerade war ich auf dem Weg hierhin und da habe ich zwei Kinder gesehen, die ganz genau gleich ausgesehen haben!

Heike: Zwillinge?

Nele: Ja, aber so ganz genau gleiche Zwillinge.

Heike: Ja, das gibt es. Und?

Nele: Na, und jetzt frage ich mich, wie die Mutter die beiden auseinanderhalten kann!

Heike: Ach so. Also ganz, ganz gleich sehen die meisten Zwillinge nicht aus. Meistens gibt es ein Merkmal, an dem die Mutter oder auch andere Menschen sie unterscheiden können.

Nele: Hm, zum Beispiel?

Heike: Oft ist ein Zwilling etwas größer oder hat ein Muttermal, also einen braunen Fleck, irgendwo, wo der andere den nicht hat.

Nele: Okay, und wenn sie wirklich ganz, ganz gleich aussehen?

Heike: Also eins ist bei jedem Menschen anders.

Nele: Echt? Was denn?

ICH BIN ICH

Heike: Kinder, wisst ihr das? Was ist bei keinem Menschen so wie bei den anderen? Wodurch löst die Polizei oft Fälle und erkennt die Verbrecherinnen oder Verbrecher? *(Die Kinder antworten.)*

Nele: Echt, Fingerabdrücke sind immer verschieden?

Heike: Ja, es gibt keine zwei Menschen, die die gleichen Fingerabdrücke haben.

Nele: Aber es gibt doch sooo viele Menschen!

Heike: Ja, und genauso viele verschiedene Fingerabdrücke. Deswegen weiß die Polizei genau, wer der Dieb ist.

Nele: Aber, Heike, wie macht die Polizei das denn?

Heike: Also wenn jemand etwas anfasst, ein Glas zum Beispiel, dann bleibt etwas Fett und Schweiß von den Fingerspitzen an dem Glas kleben. Das Glas färbt die Polizei dann mit einem Pulver ein und hat so ein Bild von den Fingerabdrücken.

Nele: Boah, cool, ich glaube, mein großer Bruder Ben hat einen Detektivkoffer, da ist bestimmt so ein Pulver drin.

Heike: Ja, das kann sein. Man kann Fingerabdrücke aber auch mit einem Stempelkissen und Papier *(zeigt beides)* sichtbar machen. Sollen wir das mal machen?

Nele: Au ja, das mache ich gleich in meiner Kita mit meinem besten Freund Tom! Und dann erkläre ich ihm, dass wir einmalig sind!

Heike: Mach das. Jeder Mensch ist einzigartig und das ist gut so!

Nele: Finde ich auch. Tschüss, Heike!

Heike: Tschüss, Nele!

Weiterführende Aktion

Im Anschluss können die Kinder mit einem nicht dokumentenechten (!) Stempelkissen ihre Fingerabdrücke auf Papier stempeln und vergleichen. Sie werden feststellen, dass alle Fingerabdrücke unterschiedlich sind. Auch ein Kreativangebot mit Fingerstempelbildern bietet sich an.

ICH BIN ICH

ALLE SIND ANDERS

Thema: Diversität

Situation: Nele war gestern in der großen Stadt unterwegs und hat dort mehrere Dinge beobachtet. Sie hat Zwillinge gesehen und jemanden mit einem Weißen Langstock. Menschen haben sich mit Händen unterhalten und jemand ist im Rollstuhl unterwegs gewesen. Heike überlegt gemeinsam mit den Kindern, worin sich Menschen noch unterscheiden können.

Requisiten: keine

Pädagogischer Hintergrund

Kinder entdecken im Kindergartenalter zum ersten Mal Unterschiede zwischen Menschen. Sie wollen zunächst am liebsten genau so sein wie „die anderen". Zu vermitteln, dass Vielfalt normal und wunderbar ist, ist eine pädagogische Aufgabe.

Das Handpuppen-Stück

Nele kommt nachdenklich aus ihrem Koffer.

Heike: Oh, hallo, Nele.

Nele: *(zögerlich nachdenklich)* Hallo, Heike.

Heike: Was ist denn bei dir los?

Nele: Ich muss über was nachdenken.

Heike: Aha, worüber denn?

Nele: Na, über Menschen.

Heike: Hm, wie kommst du denn darauf?

Nele: Also ich war gestern Nachmittag mit meiner Mama in der großen Stadt. *(bei Großstädten: in der Innenstadt)*

Heike: Oh, in *(Name der nächstgelegenen großen Stadt)*.

Nele: Ja, genau. Wir sind mit dem Zug dahin gefahren. Das war toll.

Heike: Und da hast du Menschen gesehen?

Nele: Ja, genau, und zwar ganz, ganz verschiedene.

Heike: Das kann ich mir vorstellen. Was ist dir denn aufgefallen?

Nele: Also, am Bahnhof direkt, da lag so einer rum und hat geschlafen.

Heike: Ein Obdachloser?

Nele: Ja, das hat Mama auch gesagt und dann sind wir schnell weitergegangen.

Heike: Und dann?

Nele: Dann waren wir am Parkplatz vor dem Bahnhof. Da hat ein Auto geparkt und der Mann hat einen Rollstuhl ausgepackt und sich da reingesetzt. Der konnte, glaube ich, gar nicht laufen.

ICH BIN ICH

Heike: Das denke ich auch.

Nele: Aber der konnte Auto fahren!

Heike: Ja, man kann Autos so umbauen, dass man sie nur mit den Händen steuern kann.

Nele: Cool! Und dann war da am Busbahnhof noch eine Gruppe von Menschen, die haben gar nicht geredet, sondern nur wild mit den Händen rumgefuchtelt.

Heike: Oh, das waren wahrscheinlich Menschen, die nicht hören können. Die unterhalten sich mit Gebärdensprache.

Nele: Boah, toll.

Heike: Ja, das finde ich auch. Und jetzt denkst du über Menschen nach?

Nele: Ja.

Heike: Was denkst du denn da so?

Nele: Na ich frage mich, was eigentlich normal ist!

Heike: Oh, spannende Frage, sollen wir mal die Kinder fragen, was sie denken?

Nele: Au ja. Also: Was ist normal bei Menschen? *(Wahrscheinlich wird wenig von den Kindern kommen.)*

Heike: Hm, vielleicht überlegen wir erst mal, was unterschiedlich ist. Kinder, wie unterscheide ich mich zum Beispiel von *(Name einer anderen erwachsenen Person)*?
Und wie unterscheidet sich Nele von mir? *(Heike moderiert die Antworten der Kinder. Wahrscheinlich werden Unterschiede wie Größe, Haarfarbe etc. genannt.)*

Nele: Boah, das ist ja ganz schön viel, wo ihr euch unterscheidet und wo ich mich von euch unterscheide.

Heike: Ja, alle Menschen sind verschieden.

Nele: Hm, und was ist dann normal?

Heike: Tja, ich glaube ein „normal" gibt es nicht. Oder es ist normal, verschieden zu sein. Was meinst du?

Nele: Da muss ich noch drüber nachdenken.

Heike: Ich finde es auf jeden Fall toll, dass es so viele verschiedene Menschen gibt!

Nele: Ja, irgendwie schon. Ich geh jetzt mal nachdenken. Tschüss, Heike.

Heike: Tschüss, Nele.

Weiterführende Aktionen

- Zur Weiterarbeit am Thema Ich-Identität und Diversität können die Kinder sich auf große Papierbahnen legen und eine erwachsene Person zeichnet den Umriss des Körpers. Anschließend malen die Kinder Kleidung, Gesicht und Haare dazu. Dabei kann über Unterschiede und Gemeinsamkeiten gesprochen werden.
- Zum Thema Diversität gibt es viele Bilderbücher und Lieder, sicher auch in Ihrer Einrichtung. Diese können in den nächsten Tagen genutzt werden.

ICH BIN ICH

DAS KANN ICH SCHON

- **Thema:** Entwicklung
- **Situation:** Nele ärgert sich, weil sie den Reißverschluss an der Jacke nicht allein zubekommt und ihr Bruder Ben ihr ständig vorhält, sie sei noch zu klein. Gemeinsam mit Heike besinnt sie sich auf das, was sie schon kann.
- **Requisiten:** keine

Pädagogischer Hintergrund

Kinder im Kindergartenalter bekommen oft gesagt, sie seien schon zu groß (z. B. für lieb gewonnene Dinge aus der Baby- und Kleinkindzeit wie Schnuller und Angezogen-Werden). Noch öfter bekommen sie zu hören, sie seien noch zu klein (z. B. für schwierige Themen, die Schule, Cola und langes Aufbleiben). Dieses Handpuppen-Stück macht den Kindern bewusst, was sie im Laufe ihres Lebens schon gelernt haben, stärkt ihr Selbstbewusstsein und gibt Mut für die nächsten Lernschritte.

Das Handpuppen-Stück

Nele kommt verärgert aus ihrem Koffer.

Nele: Mann, Mann, Mann, so ein Blödmann!

Heike: Oh, hallo, Nele, du scheinst aber sauer zu sein.

Nele: Jawohl!

Heike: Und auf wen?

Nele: Na, auf meinen doofen Bruder Ben!

Heike: Oh, was war denn da heute Morgen schon los?

Nele: Der ärgert mich immer!

Heike: Und womit? Was hat er denn gesagt?

Nele: Ben hat gesagt, ich wäre noch ein Baby!

Heike: Ui, das stimmt ja gar nicht und das ist gemein.

Nele: Ja, alles nur weil ich diesen blöden Reißverschluss an meiner Jacke nicht zukriege! Der ist einfach zu klein!

Heike: Oh, das kenne ich, damit haben viele Kinder Probleme.

Nele: Echt?

Heike: Ja, klar, sollen wir mal fragen?

Nele: Au ja!

Heike: Kinder, wer von euch braucht Hilfe, um den Reißverschluss an der Jacke zuzumachen? *(Die Kinder antworten.)*

Nele: Ach, so viele?

ICH BIN ICH

Heike: Ja, das lernen viele Kinder erst, kurz bevor sie in die Schule kommen. Und Ben konnte das in deinem Alter bestimmt auch noch nicht.

Nele: Echt? Das sage ich ihm!

Heike: Seit du ein Baby warst, hast du doch schon so viel gelernt!

Nele: Echt, was denn?

Heike: Na, laufen zum Beispiel.

Nele: Ach, das können doch alle.

Heike: Nö, Babys können das nicht.

Nele: Okay, und was noch?

Heike: Also fragen wir doch mal die Kinder, was sie alles schon können!

Nele: Au ja. Kinder, was könnt ihr schon?

(Heike moderiert die Antworten der Kinder. Wahrscheinlich wird es etwas dauern, bis die Kinder auf so einfache Sachen wie allein essen, hüpfen, sich anziehen, Laufrad fahren etc. kommen. Dabei kann Heike helfende Fragen stellen und alles Gesagte wertschätzen. Kommt sehr wenig von den Kindern, ergänzen Nele und Heike die Liste.)

Nele: Mensch, Heike, das ist ja ganz viel!

Heike: Ja, klar, ihr habt schon ganz viel gelernt: *(zählt die genannten Dinge auf)*

Nele: Cool! Und weißt du, was ich noch kann?

Heike: Nee.

Nele: Ganz komisch Grimassen, guck mal! *(Nele verzieht den Mund)*

Heike: *(lacht)* Mensch, Nele, das sieht super aus!

Nele: Ja. Und weißt du, was? Ich sag meinem Bruder einfach, was ich schon alles kann, wenn der mich wieder Baby nennt. Da wird der aber staunen!

Heike: Das ist eine wunderbare Idee. Und ich sehe schon, deine Laune ist jetzt viel besser!

Nele: *(fröhlich)* Ja!

Heike: Und das mit dem Reißverschluss, das lernst du auch noch.

Nele: Klar, wo ich doch schon so viel gelernt habe, kriege ich das auch irgendwann hin!

Heike: Wunderbar.

Nele: So, jetzt muss ich aber los in meinen Kindergarten. Vielleicht fällt meinem Freund Tom ja noch was ein, was wir schon können! Tschüss, Heike!

Heike: Tschüss, Nele.

Tipp

Wenn in den nächsten Tagen bei einem Kind in der Gruppe mal wieder Frust aufkommt, weil etwas nicht klappt, können Sie gut an die Liste mit gelernten Dingen erinnern.

ICH BIN ICH

TRÖDEL-NELE UND QUASSELSTRIPPEN-NELE

- **Thema:** Fremdbewertungen
- **Situation:** Trödel-Nele und Quasselstrippen-Nele – so wird Nele von ihren Eltern genannt. Über gute und schlechte Namen denkt Nele in diesem Stück nach.
- **Requisiten:** keine

Pädagogischer Hintergrund

Neben der Körperwahrnehmung, dem Erleben der Anders- und Einzigartigkeit und dem eigenen Können werden im Kindergartenalter zunehmend auch Fremdbewertungen in das eigene Selbstbild integriert. Dieses Stück macht Mut, über Fremdbewertungen nachzudenken und sie ggf. auch abzulehnen. Das Stück eignet sich eher für ältere, kognitiv fitte Kinder.

Das Handpuppen-Stück

Nele kommt nachdenklich aus ihrem Koffer.

Nele: *(nachdenklich)* Hm, hm, hm …

Heike: Oh, hallo, Nele, denkst du heute wieder über etwas nach?

Nele: Jawohl!

Heike: Da bin ich ja gespannt, was ist es diesmal?

Nele: Also, dieses Mal geht es um mich.

Heike: Wie, um dich?

Nele: Na, wer ich bin.

Heike: Du bist Nele.

Nele: Ja, schon. Aber …

Heike: Aber?

Nele: Also Mama nennt mich öfter Trödel-Nele.

Heike: Ja, und?

Nele: Dabei trödel ich doch nicht immer! Nur dann, wenn ich gerade über etwas nachdenken muss oder morgens noch spielen will. Nachmittags, wenn ich zu Tom gehe, bin ich ratzfatz fertig mit Anziehen.

Heike: Das glaube ich.

Nele: Na, und Papa nennt mich Quasselstrippe.

Heike: Weil du so viel redest?

Nele: Denke schon. Dabei erzähle ich ihm schon nur die wichtigsten Dinge!

Heike: Das glaube ich auch. Gibt es noch mehr Namen für dich?

ICH BIN ICH

Nele: Na, der Ben nennt mich Heulsuse. Dabei stimmt das nicht, ich heule fast nur, wenn er mich doll ärgert!

Heike: Das ist aber keine nette Bezeichnung.

Nele: Nee, der ist ja auch ein Doofmann!

Heike: Na, Nele, Ben einen Doofmann zu nennen, ist aber auch nicht nett. Und du hast Recht, manchmal verhält Ben sich wirklich doof.

Nele: *(nachdenklich)* Hm, du meinst, er ist nicht doof, der macht nur doofe Sachen?

Heike: Ja, und wenn ich so darüber nachdenke, ist das bei den anderen Namen auch so.

Nele: Wie?

Heike: Na, du bist keine Trödelliese, du trödelst nur manchmal. Du bist keine Quasselstrippe, du redest nur viel.

Nele: Das stimmt. Hm, ob die Kinder hier auch solche Namen von anderen bekommen?

Heike: Wir können ja mal fragen. Kinder, wie nennen euch andere?

(Heike moderiert die Antworten der Kinder. Wenn wenig kommt, können durch Nachfragen zumindest die Spitznamen z. B. Mäuschen, Schnecke, Prinzessin, Sportskanone, erfragt werden.)

Nele: Mensch, das ist ja spannend, so viele verschiedene Namen!

Heike: Ja, wir Menschen verhalten uns unterschiedlich und werden von anderen dann auch unterschiedlich benannt.

Nele: Hm, darüber muss ich nachdenken. Aber der Ben ist wirklich ein Blödmann!

Heike: Also, zumindest verhält er sich dir gegenüber oft blöd und manchmal ist er aber auch nett, oder?

Nele: Ja, okay. Neulich hat er mir was von seinen Süßigkeiten abgegeben, weil meine schon so schnell alle waren.

Heike: Na siehst du. Wir alle haben ja die Chance, unser Verhalten, also das, was wir tun, auch zu verändern.

Nele: Du meinst, ich könnte mich mehr beeilen und weniger reden?

Heike: Zum Beispiel. Und Ben könnte weniger ärgern.

Nele: Das wäre toll!

Heike: Ja, finde ich auch.

Nele: Jetzt muss ich aber los! Tschüss, Heike

Heike: Tschüss, Nele

Tipp

Manchmal haben Kinder in der Gruppe Namen, die ihr Verhalten beschreiben. Es lohnt sich, darüber nachzudenken, inwieweit zum Beispiel Verniedlichungen, Spitznamen oder Bezeichnungen wie Prinzessin, Macho, Chaot, Streithammel etc. Verhalten nicht nur beschreiben, sondern festschreiben. Welche Kinder in der Gruppe sollten ab jetzt besser mit dem richtigen Namen angesprochen werden?

Ändern Sie als Fachkraft Ihre Ansprache und korrigieren Sie die Kinder. So wird beispielsweise aus „dem I-Kind“ (Integrationskind) wieder Paul, aus „Lieschen“ wieder Lieselotte, aus „den Kleinen“ wieder Emma, Mohamed und Carl usw.

ICH BIN ICH

NELE ALS LÖSUNGSERFINDERIN

- **Thema:** Berufswünsche
- **Situation:** Nele will Lösungserfinderin werden, wenn sie groß ist. Nele und Heike überlegen, was es für Berufe gibt.
- **Requisiten:** keine

Pädagogischer Hintergrund

„Was willst du mal werden, wenn du groß bist?" Diese Frage taucht in fast jedem Freundschaftsbuch auf und wird den Kindern auch von Erwachsenen gestellt. Zur Entwicklung im Kindergartenalter gehört, dass sich Kinder mit verschiedenen Rollen auseinandersetzen. Sie spielen Mutter-Vater-Kind und verkleiden sich gerne z. B. als Bauarbeiter oder Ärztin, um sich auszuprobieren.

Das Handpuppen-Stück

Nele kommt gut gelaunt aus ihrem Koffer.

Heike: Oh, hallo, Nele, schön, dich zu sehen!

Nele: Ja, finde ich auch! Hallo!

Heike: Ui, du hast ja heute gute Laune.

Nele: Ja, ich weiß nämlich nun endlich, was ich mal werden will, wenn ich groß bin!

Heike: Da bin ich aber gespannt. Polizistin, wie beim letzten Mal?

Nele: Nee, das wollte ich früher mal werden.

Heike: Und jetzt?

Nele: Jetzt werde ich etwas viel Besseres.

Heike: So? Na, dann sag mal.

Nele: Ich werde Lösungserfinderin!

Heike: Das musst du mir erklären.

Nele: Ich bin doch so gut im Sachen-Ausdenken.

Heike: Wie meinst du das?

Nele: Also, wenn Mama nicht will, dass ich so viel Fernsehen gucke.

Heike: Ja?

Nele: Dann finde ich immer eine Lösung, wie ich doch fernsehen darf!

Heike: Ach so.

Nele: Ja, und wenn mein Bruder Ben mal wieder Ärger mit Mama hat, dann helfe ich ihm und sage ihm, wie er Mama wieder lieb kriegt.

Heike: Wie er sie beruhigt?

Nele: Ja, genau. Irgendwie finde ich da immer eine Lösung

ICH BIN ICH

Heike: Das ist ja wunderbar.

Nele: Und überhaupt bin ich gut im Helfen und Lösungen-Finden.

Heike: Das stimmt.

Nele: Ja und deshalb werde ich Lösungserfinderin! *(stutzt)* Sag mal, Heike, gibt es den Beruf eigentlich?

Heike: Ja, schon, allerdings heißt er etwas anders.

Nele: Und wie?

Heike: Also es gibt Berater und Beraterinnen.

Nele: Und was beraten die so?

Heike: Ach, das ist unterschiedlich. Es gibt zum Beispiel Erziehungsberater und Erziehungsberaterinnen, die erklären Eltern, wie sie besser mit ihren Kindern umgehen können.

Nele: Echt? Das könnte ich jetzt schon. Schließlich bin ich ein Kind!

Heike: Ja, das glaube ich. Dann gibt es Berater und Beraterinnen für Geldangelegenheiten.

Nele: Muss man da rechnen können?

Heike: Klar.

Nele: Das kann ich nicht.

Heike: Na, das lernst du ja noch. Berater oder Beraterin zu sein, ist auf jeden Fall ein guter Beruf.

Nele: Finde ich auch, schließlich kann ich so viel und so gut reden.

Heike: Stimmt. Sollen wir auch die Kinder mal fragen, was sie arbeiten wollen, wenn sie groß sind?

Nele: Au ja.

Heike: Kinder, was wollt ihr denn mal werden, wenn ihr groß seid? *(Heike moderiert die Antworten der Kinder.)*

Nele: Wow, so viele unterschiedliche Berufe.

Heike: Ja, das ist wunderbar.

Nele: Können sich eigentlich alle einen Beruf aussuchen?

Heike: Grundsätzlich schon. Man muss natürlich das gut können, was in dem Beruf gebraucht wird.

Nele: Das kann ich ja dann.

Heike: Okay, also Beraterin kannst du bestimmt werden.

Nele: Oh, mir fällt ein, ich weiß ja noch gar nicht, was Tom werden will. Da muss ich ihn gleich mal fragen gehen. Tschüss, Kinder

Heike: Tschüss, Nele

Weiterführende Aktionen

- Im Anschluss kann das Thema Berufswunsch gut aufgegriffen werden, indem bewusst Verkleidungssachen bereitgestellt oder gebastelt werden.
- Nele kann sich in diesem Handpuppen-Stück auch den Erwachsenen und Kindern als Lösungserfinderin anbieten. Dann sagt sie im letzten Teil: „Du, Heike, als Beraterin muss ich ja noch viel üben. Also, wenn du oder die Kinder mal ein Problem habt, dann fragt mich ruhig! Ich finde immer eine Lösung!" (Siehe S. 22)

THEMA: GESUNDHEIT

DAS VITAMINWUNDER

- **Thema:** gesunde Ernährung
- **Situation:** Ihre Mutter hat Nele erklärt, dass Vitamine gesund sind und in Obst und Gemüse vorkommen und dass Schokolade ungesund ist. Nele hat sich deshalb einen Trick überlegt, wie die Vitamine in die Schokolade kommen sollen. Den zeigt und erklärt sie Heike.
- **Requisiten:** 1 Schale, Obstauswahl (mindestens Apfel und Banane), 1 kleine Tafel Schokolade

Pädagogischer Hintergrund

Gesunde Ernährung ist schon im Kindergartenalter wichtig, denn schon hier zeigen sich Ernährungsdefizite und Über- bzw. Untergewicht. Die meisten Kinder mögen Obst und Gemüse zumindest als Rohkost gern, Süßigkeiten jedoch noch viel lieber. Die Empfehlung, viel Obst zu essen, wird in diesem Handpuppen-Stück noch einmal unterstrichen.

Das Handpuppen-Stück

Nele kommt kichernd aus ihrem Koffer. Im Koffer befindet sich die Schale, in der das Obst liegt und mittendrin die Tafel Schokolade steckt.

Heike: Oh, hallo, Nele, du hast ja gute Laune!

Nele: Ja, ich habe nämlich einen Trick erfunden!

Heike: Einen Trick? Sag mal, der Koffer war gerade so schwer, was hast du denn dadrin?

Nele: Na, guck doch mal und hol mal raus. Das ist nämlich mein Trick!

Heike: Da bin ich ja gespannt. *(holt die Obstschale raus und stellt sie vor Nele)* Du hast Obst mitgebracht?

Nele: Ja, ganz viel. Meine Mama hat nämlich gesagt, das ist gesund.

Heike: Ja, das stimmt. Im Obst sind ganz viele Vitamine und gute Nährstoffe.

Nele: Genau, so was hat sie gesagt.

Heike: Und wo ist jetzt dein Trick?

Nele: Na, schau doch mal, da in der Mitte von der Schale.

Heike: *(schaut genauer)* Oh, da ist ja eine kleine Tafel Schokolade!

Nele: Ja! Und da wandern die Vitamine jetzt rein.

Heike: Wie?

Nele: Also, ich habe überlegt, wenn ich die Schokolade zu dem Obst lege, dann wandern die Vitamine bestimmt in die Schokolade, weil die wollen bestimmt auch lieber da wohnen!

Heike: *(lacht)* Oh, Nele, tolle Idee! Das wäre ja ein richtiges Vitaminwunder!

Nele: Ja!

GESUNDHEIT

Heike: Aber, Kinder, was meint ihr, kann das klappen? Können Vitamine laufen oder sogar klettern? *(Heike moderiert die Antworten der Kinder.)*

Nele: *(schlägt die Hand vor die Stirn)* Ach ja, daran hatte ich gar nicht gedacht. Vitamine können ja gar nicht laufen.

Heike: Nee, das können sie nicht. Die bleiben im Obst.

Nele: Hm, Mist. Dann darf ich ja wieder nicht so viel Schokolade essen, wie ich will.

Heike: Stimmt, das bleibt so. Obst ist gesund und Schokolade und andere Süßigkeiten sind ungesund. Deshalb sollte man viel Obst und Gemüse essen und nur ganz wenige Süßigkeiten.

Nele: Mist. Na ja, zum Glück mag ich Obst ja auch gern.

Heike: Dann ist ja gut. Welches ist denn dein Lieblingsobst?

Nele: Die Banane! Die ist so schön süß.

Heike: Bananen mag ich auch gern. Kinder, was mögt ihr am liebsten? *(Die Kinder antworten.)*

Nele: Okay, wenn mein Trick sowieso nicht klappt, dann könnt ihr das Obst auch behalten.

Heike: Oh, gern.

Nele: Aber die Schokolade nehme ich wieder mit. Die teile ich gleich mit Tom in meinem Kindergarten. *(nimmt die Schokolade)*

Heike: Dann nimm aber auch eine Banane mit, denn die ist ja gesund!

Nele: Okay, und für Tom einen Apfel, den mag der gern. Packst du das in den Koffer?

Heike: Klar, kann ich machen.

Nele: Danke und tschüss, Heike!

Heike: Tschüss, Nele!

Weiterführende Aktionen

- Im Anschluss kann das Obst aufgeschnitten und an die Kinder verteilt werden. Achten Sie dabei unbedingt auf Allergien bei den Kindern.
- Wer mag, kann auch exotische Obstsorten wie Mango oder Physalis in die Schale legen und diese mit Neles Hilfe erklären. So lernen die Kinder neue Geschmacksrichtungen kennen.
- Das Stück lässt sich auch gut mit Gemüse statt mit Obst spielen.

GESUNDHEIT

BUNTE PFLASTER UND KÜHLPACKS

- **Thema:** Verletzungen
- **Situation:** Nele wollte gestern beim Einkaufen unbedingt die bunten Pflaster mit Motiven ihrer Lieblingsserie haben. Sie ist der Meinung, dass diese besonders gut helfen. Gemeinsam mit Heike und den Kindern überlegt sie, was helfen kann, wenn man sich verletzt oder krank ist.
- **Requisiten:** 1 Päckchen einfache Pflaster

Pädagogischer Hintergrund

Verletzungen und Krankheiten sind im Kindergartenalltag immer wieder ein Thema und schon kleine Schrammen verursachen bei einigen Kindern große Aufregung. Dieses Handpuppen-Stück bietet einen Anlass, um darüber zu sprechen. Der Schwerpunkt liegt dabei auf den Dingen, die gegen Verletzungen und Krankheiten helfen.

Das Handpuppen-Stück

Nele kommt mit der Pflasterpackung in der Hand aus ihrem Koffer.

Heike: Hallo, Nele, was hast du denn da?

Nele: Hallo, Heike, das sind Pflaster. *(zeigt die Packung)*

Heike: Ja, das sehe ich. Ich wundere mich nur, dass du die mitgebracht hast.

Nele: Ich habe sie mit, weil ich gestern so einen Streit mit meiner Mama hatte.

Heike: Oh, was war denn los?

Nele: Also, wir waren einkaufen und da gab es so richtig tolle Pflaster mit *(Name einer Figur einer aktuellen Kinderserie)* drauf!

Heike: Ja, und?

Nele: Na, ich wollte die unbedingt haben!

Heike: Und?

Nele: Mama hat gesagt, wir haben noch genug Pflaster zu Hause. Wir brauchen keine neuen.

Heike: Und dann gab es Streit?

Nele: Ja, weil die mit *(Name einer Figur einer aktuellen Kindeserie)* helfen doch bestimmt viel besser!

Heike: Na ja …

Nele: Okay, du hast Recht, die sehen aber zumindest viel besser aus! Guck doch mal, diese sind doch wirklich nur hässlich braun!

Heike: Ja, das stimmt. Aber warum hast du sie dann mitgebracht?

Nele: Na, erst habe ich gedacht, ich könnte mit euch welche tauschen. Ihr habt hier doch bestimmt tolle Pflaster.

GESUNDHEIT

Heike: Hm, die Kinder hier mögen allerdings auch lieber bunte Pflaster ...

Nele: Ja, hab ich dann auch gedacht. Und dann habe ich gedacht, ich schenke euch diese hier. *(hält die Packung hoch)*

Heike: Das verstehe ich nicht ...

Nele: Na, das ist doch klar. Ich schenke euch diese Pflaster, dann haben wir zu Hause keine mehr und Mama muss mir die tollen Pflaster mit *(Name einer Figur einer aktuellen Kinderserie)* kaufen!

Heike: *(lacht)* Ach so Nele, ich verstehe ... hm ...

Nele: Was ist?

Heike: Hm, ich überlege, was deine Mutter wohl dazu sagt.

Nele: Äh, na ja ...

Heike: Ich fürchte, da gibt es den nächsten Ärger.

Nele: *(kleinlaut)* Ja, kann sein. Mist, dann nehme ich sie wohl besser wieder mit.

Heike: Glaube ich auch.

Nele: Schade, dabei würden die neuen Pflaster bestimmt viel besser helfen!

Heike: Das glaube ich nicht. Wir können ja mal überlegen, was hilft, wenn man sich verletzt, oder krank wird.

Nele: Au ja! Kinder, was hilft euch, wenn ihr krank seid? Was macht ihr dann?

(Heike moderiert die Antworten der Kinder. Mögliche Antworten: Kühlpack holen, Eltern Bescheid sagen, zum Arzt gehen, Medizin nehmen)

Nele: Oh, Kühlpacks haben wir zu Hause auch immer, sogar ein ganz tolles buntes!

Heike: Na, siehst du! Da konnten wir viel sammeln, was hilft, wenn man krank ist oder sich verletzt hat.

Nele: Stimmt! Aber, Heike, hast du noch eine Idee, wie ich an die tollen Pflaster mit *(Name einer Figur einer aktuellen Kinderserie)* komme?

Heike: Hm, nee.

Nele: Weißt du, was? Ich frag gleich mal Tom in meinem Kindergarten. Vielleicht weiß der was. Tschüss, Heike!

Heike: Tschüss, Nele!

Tipp

Alternativ kann Nele auch von Lisa berichten, die gestern in ihrem Kindergarten eine kleine Schramme hatte und „so ein Drama" daraus gemacht hat. Dann können Sie gemeinsam über unterschiedlich schlimme Krankheiten sprechen, bevor Sie die Hilfsmöglichkeiten sammeln.

GESUNDHEIT

TOBEN ERLAUBT

- **Thema:** Bewegung
- **Situation:** Nele war gestern bei Lisa. Weil Lisas Mama nicht da war, hat die Oma aufgepasst und die Mädchen durften nicht toben. Lisas Oma hatte ständig Angst, dass etwas kaputtgehen könnte oder sie sich verletzen.
- **Requisiten:** keine

Pädagogischer Hintergrund

Viel Bewegung ist für eine gesunde Entwicklung von Kindern sehr wichtig und doch sitzen viele Kinder zu lang vor Fernseher, Spielkonsole, Tablet und Co. Dieses Handpuppen-Stück bestärkt die Kinder in ihrem Bewegungsdrang und hilft bei der Suche nach geeigneten Bewegungsräumen und Spielplätzen.

Das Handpuppen-Stück

Nele kommt nachdenklich aus ihrem Koffer und schüttelt mehrmals den Kopf.

Nele: Ich kann das immer noch nicht verstehen!

Heike: Hallo, Nele, was ist denn los?
Was kannst du nicht verstehen?

Nele: Na, das mit Lisas Oma!

Heike: Hm, das musst du uns erklären.

Nele: Also gestern, da war ich bei Lisa.

Heike: Deiner Freundin?

Nele: Ja.

Heike: Und?

Nele: Und weil Lisas Mama einkaufen musste, hat die Oma von Lisa auf uns aufgepasst.

Heike: Ach, das war doch sicher gut.

Nele: Nee!

Heike: Nee? Wieso?

Nele: Also, normalerweise springen wir immer von Lisas Hochbett auf so ein riesiges weiches Kissen.

Heike: Und?

Nele: Das durften wir nicht. Es ist zu gefährlich, hat die Oma gesagt.

Heike: Und dann?

Nele: Na, dann sind wir immer blitzschnell durch den Flur gerannt und haben uns zum Stoppen auf das Bett von Lisas kleinem Bruder geschmissen.

Heike: Und? Auch zu gefährlich?

Nele: Nee, das Bett könnte kaputtgehen.

Heike: Na ja, könnte ja sein.

Nele: Ach Quatsch, das ist doch stabil. Und dann wollten wir zumindest auf der Couch im Wohnzimmer hüpfen.

Heike: Und?

Nele: Dreimal darfst du raten: Auch zu gefährlich und die Couch könnte kaputtgehen.

Heike: Hm.

Nele: Aber wir wollten doch so gern toben!

Heike: Das ist ja auch wichtig für Kinder!

Nele: Echt?

Heike: Ja klar! Je mehr ihr euch bewegt, desto besser lernt ihr euren Körper kennen und desto besser könnt ihr einschätzen, was gefährlich ist und was nicht.

Nele: Mann, das hätte mir gestern einfallen sollen! Nächstes Mal sage ich das der Oma.

Heike: War denn der ganze Nachmittag so?

Nele: Nee, als die Oma kapiert hatte, dass wir nicht mehr still sitzen können, ist sie mit uns in den Wald gegangen.

Heike: Ach, das war ja eine gute Idee!

Nele: Ja, da sind wir dann so viel gerannt und gerannt und wir durften sogar auf Baumstämme klettern und darauf balancieren.

Heike: Wunderbar! Ich glaube, die Kinder hier lieben es auch, sich zu bewegen.

Nele: Echt, auch im Wald oder auf dem Spielplatz?

Heike: Fragen wir doch mal: Kinder, wo geht ihr hin, wenn ihr euch bewegen wollt?

(Heike moderiert die Antworten der Kinder. Sie kann zusätzlich fragen, was die Kinder denn in der Wohnung an spannenden Bewegungsmöglichkeiten haben.)

Nele: Boah, toll! So viele Möglichkeiten!

Heike: Ja, finde ich auch. Viel Bewegung ist auf jeden Fall wichtig für Kinder.

Nele: Alles klar! Jetzt muss ich aber los! Tschüss, Heike!

Heike: Tschüss, Nele!

Weiterführende Aktion

Im Anschluss bietet es sich an, den Kindern Bewegung zu ermöglichen. Wenn kein Bewegungsraum zur Verfügung steht und draußen schlechtes Wetter ist, können Sie gemeinsam mit den Kindern aus Tischen, Stühlen und anderen Dingen im Gruppenraum eine Bewegungslandschaft oder Hindernisstrecke bauen. Achtung: Die Bewegungsstrecke sollte von einer Fachkraft auf Sicherheit geprüft und ggf. variiert werden!

GESUNDHEIT

ZAHNPUTZLANGEWEILE

- **Thema:** Zähne putzen
- **Situation:** Nele hat heute Süßigkeitenverbot, weil sie gestern beim Zähneputzen viel Streit mit ihrer Mutter hatte. Gemeinsam mit Heike und den Kindern überlegt sie, was man gegen die Zahnputzlangeweile tun kann.
- **Requisiten:** keine

Pädagogischer Hintergrund

Zähneputzen ist in Familien oft ein Streitpunkt. Viele Kinder im Kindergartenalter verstehen den Sinn nicht (z. B.: „Aber meine Bakterien sind doch lieb!“) und finden diese immer wiederkehrende Prozedur oft langweilig. Dieses Handpuppen-Stück unterstreicht die Notwendigkeit des Zähneputzens und gibt Ideen, wie die Zahnputzzeit kreativer gestaltet werden kann.

Das Handpuppen-Stück

Nele kommt wütend aus ihrem Koffer.

Nele: Ach, so was Doofes!

Heike: Oh, hallo, Nele, heute bist du wieder wütend.

Nele: Ja, und alles nur wegen Mama.

Heike: Oh, ihr hattet heute Morgen schon Streit?

Nele: *(überlegt)* Ja und nein. Eigentlich hat der Streit gestern schon angefangen beim Zähneputzen.

Heike: Was war denn da los?

Nele: Mama will mir jeden Abend und meistens auch noch morgens die Zähne putzen!

Heike: Ja, das ist doch normal und wichtig.

Nele: Aber ich will das nicht!

Heike: *(verwundert)* Wieso denn nicht?

Nele: Na, jeden und jeden und jeden Abend und morgens dann auch noch!

Heike: Ja, und? Das machen doch die meisten Menschen so. Also ich putze mir auch morgens und abends die Zähne.

Nele: Jaaa, aber das dauert immer so lange! Diese doofe Sanduhr geht immer sooo langsam.

Heike: Na ja, drei Minuten.

Nele: Also eine Ewigkeit! Mir ist dabei immer sooo langweilig.

Heike: Und deswegen gab es gestern Streit?

Nele: Ja, ich wollte viel lieber gleich ins Bett und die tolle Geschichte weiterhören, die Mama gerade vorliest!

GESUNDHEIT

Heike: Und deine Mutter wollte erst Zähne putzen.

Nele: Ja. Und dann gab es Streit. Und jetzt habe ich Süßigkeitenverbot. Den ganzen Tag!

Heike: Das finde ich eigentlich richtig.

Nele: Wieso das denn?

Heike: Süßigkeiten machen die Zähne besonders schnell kaputt. Und wenn du dann noch nicht mal richtig die Zähne putzt, sind deine Zähne bald braun und tun weh.

Nele: Na, das will ich ja auch nicht. Mann, wenn mir bloß nicht immer so langweilig wäre!

Heike: Ach, die Langeweile … Wir können ja mal die Kinder fragen, wie die ihre Zähne putzen. Kinder, was machen eure Eltern oder was macht ihr beim Zähneputzen? *(Heike moderiert die Antworten der Kinder. Möglichkeiten: Zahnputzlieder hören, Eltern singen oder erzählen Geschichten, auf dem Handy Videos schauen, Zahnputz-Apps nutzen usw.)*

Nele: Mensch, das sind ja tolle Ideen!

Heike: Ja, auf einige wäre ich alleine auch nicht gekommen!

Nele: Das mit den Apps finde ich besonders toll, dann darf ich bestimmt Mamas Tablet haben! Das schlage ich Mama mal vor.

Heike: Wunderbar. Dann hoffe ich, dass du nun besser die Zähne putzt und ihr ab jetzt weniger Streit habt.

Nele: Und ich hoffe, dass ich dann wieder Süßigkeiten essen darf!

Heike: *(lacht)* Du immer mit deinen Süßigkeiten.

Nele: Das ist wichtig!

Heike: Und Zähneputzen auch.

Nele: Ich geh jetzt auf jeden Fall in meinen Kindergarten. Vielleicht hat Tom noch mehr gute Ideen. Ich frag ihn gleich mal. Tschüss, Heike!

Heike: Tschüss, Nele!

Weiterführende Aktion

Die Kinder können in einer anschließenden Gesprächsrunde erzählen, welche Motive auf ihren Zahnbürsten zu Hause abgebildet sind und wann sie sich immer die Zähne putzen. Vielleicht haben manche Kinder sogar eine elektrische Zahnbürste und möchten darüber erzählen.

Tipp

Dieses Handpuppen-Stück können Sie vor dem nächsten zahnärztlichen Besuch in der Kita einsetzen, um die Kinder darauf vorzubereiten.

GESUNDHEIT

DER ARZTTERMIN

- **Themen:** Angst, Helfen, Arzt
- **Situation:** Neles bester Freund Tom hat Angst vor einer U-Untersuchung beim Kinderarzt. Gemeinsam mit den Kindern überlegt Nele, wie sie Tom helfen kann.
- **Requisiten:** Arztkoffer für Kinder mit Instrumenten

Pädagogischer Hintergrund

Ärztliche Termine sind für viele Kinder eine Herausforderung. Die Ungewissheit, was kommt, die fremde Umgebung mit eigenartigen Gerüchen, die Wartezeit, eine erwachsene Person, die die Kinder einfach so berühren darf, und dazu die Erinnerung an die letzte Impfung, die wehtat – all dies ist zunächst unangenehm. Dieses Handpuppen-Stück klärt Kinder darüber auf, welche Instrumente bei einer Untersuchung eingesetzt werden, und nimmt so Unsicherheit.

Das Handpuppen-Stück

Nele kommt nachdenklich aus ihrem Koffer.

Heike: Oh, Nele, du siehst nachdenklich aus.

Nele: Ja, heute brauche ich mal eure Hilfe!

Heike: Klar, gerne! Worum geht es?

Nele: Also, der Tom, der muss heute Nachmittag zu seiner Kinderärztin.

Heike: Ist er denn krank?

Nele: Nee, der hat so eine Untersuchung.

Heike: Ach, eine U-Untersuchung?

Nele: Ja, und Tom will da nicht hin. Der will sich verstecken!

Heike: Oh, was ist denn da los?

Nele: Ich glaube, Tom hat ein bisschen Angst vor der Untersuchung.

Heike: Na, das wundert mich. Er hatte doch bestimmt schon viele U-Untersuchungen, genau wie du.

Nele: Ja, schon. Aber wir können uns gar nicht mehr daran erinnern, was da gemacht wird.

Heike: Da können wir mit Sicherheit helfen. Kinder, wer von euch war in letzter Zeit bei einem Arzt oder einer Ärztin? Und was wurde dort gemacht?
(Heike moderiert die Antworten der Kinder. Nach einiger Zeit nimmt Heike einen Arztkoffer dazu und erklärt mit den Kindern und Nele zusammen die einzelnen Instrumente.)

Nele: So einen Koffer haben wir auch in unserem Kindergarten!

Heike: Na, das ist ja wunderbar! Dann kannst du Tom ja erklären, was bei seiner Kinderärztin so alles gemacht wird!

Nele: Au ja, da spiele ich gleich mit ihm Ärztin.

Heike: Tolle Idee!

Nele: Und wenn er trotzdem noch Angst hat?

Heike: Hm, lass uns mal überlegen, was braucht Tom, wenn er Angst hat?

Nele: Der braucht Mut!

Heike: Dann braucht er vielleicht einen Mutmacher?

Nele: Häh, was ist das denn? Du meinst, so was wie sein Kuscheltier?

Heike: Ja, zum Beispiel. Oder du bastelst ihm einen Mutmacher oder malst ein Mutmachbild.

Nele: Au ja! Und wenn er will, darf er sogar meinen Kuschelhasen mitnehmen!

Heike: Auch eine gute Idee! Na, das klappt schon!

Nele: Bestimmt. Ich geh gleich mal los in meinen Kindergarten zu Tom. Tschüss, Heike!

Heike: Tschüss, Nele!

Weiterführende Aktion

Nach diesem Stück kann es gut sein, dass die Kinder selbst Arzt/Ärztin spielen wollen. Ggf. können Sie dafür einen zweiten Arztkoffer oder Verbandsmaterial (z. B. abgelaufener Erste-Hilfe-Kasten) zur Verfügung stellen. Fragen Sie vielleicht auch im Elternkreis, ob ein abgelaufener Erste-Hilfe-Kasten gespendet werden kann.

Tipps

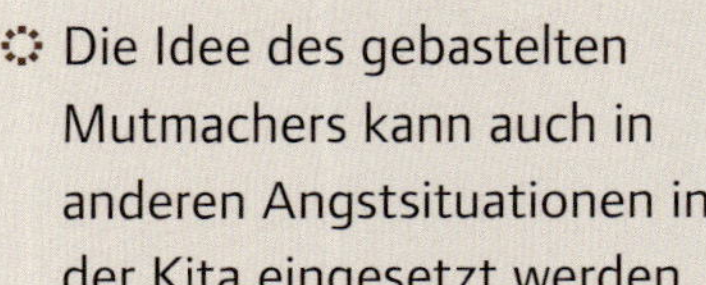

- Die Idee des gebastelten Mutmachers kann auch in anderen Angstsituationen in der Kita eingesetzt werden.
- Etwas abgewandelt kann dieses Stück auch vor dem nächsten Zahnarztbesuch in der Kita gespielt werden.

THEMA: GEFÜHLE

ALLE GEFÜHLE

- **Thema:** Gefühle
- **Situation:** Nele denkt über ihre Gefühle nach und sucht mit den Kindern Wörter für verschiedene Gefühle.
- **Requisiten:** keine

Pädagogischer Hintergrund

Bereits im Säuglingsalter können Kinder die Gefühle ihrer Bezugspersonen an deren Gesicht ablesen und so bewusst wahrnehmen. Diese fremden und vor allem auch die eigenen Gefühle benennen zu können, ist eine große Leistung, die im Kindergartenalter erlernt wird. Dieses Handpuppen-Stück lädt dazu ein, über Gefühle nachzudenken und den Wortschatz in diesem Bereich zu erweitern. Es kann gut zum Start in ein Projekt zum Thema Gefühle genutzt werden.

Das Handpuppen-Stück

Nele kommt fröhlich aus ihrem Koffer.

Nele: Hallihallo, Heike!

Heike: Hallo, Nele, wie geht es dir?

Nele: Hä, wie? Was ist das denn für eine komische Frage?

Heike: Also, ich finde sie sehr normal. Das fragt man doch, wenn man jemanden trifft.

Nele: Stimmt, ihr Erwachsenen fragt das oft. Aber warum eigentlich?

Heike: Hm, gute Frage … Vielleicht tun wir das, weil wir wissen wollen, wie sich die andere Person gerade fühlt?

Nele: Das merkt man doch.

Heike: Stimmt eigentlich, meistens merkt man das. Weißt du, was? Heute wollte ich mit den Kindern ein Gefühlsspiel spielen, magst du mitmachen?

Nele: Au ja, ich bin schließlich eine Gefühlsexpertin!

Heike: Echt? Das wusste ich ja gar nicht.

Nele: Also Mama sagt, bei mir merkt man immer gleich, was los ist und was ich fühle.

Heike: Ach so, das ist wunderbar. Dann kannst du mir ja helfen.

Nele: Und wie?

Heike: Also, du und ich, wir machen abwechselnd verschiedene Gefühle vor und die Kinder dürfen raten, wie wir uns fühlen.

Nele: Hä? Verstehe ich nicht.

Heike: Also, wenn ich zum Beispiel so gucke *(guckt sauer)*, wie fühle ich mich dann?

GEFÜHLE

Nele: Wütend!

Heike: Genau, jetzt bist du dran.

Nele: *(sackt in sich zusammen und legt die Hand über die Augen)*

Heike: Ui, das ist schwer, Kinder, wie fühlt sich Nele gerade? *(Die Kinder antworten.)*

Nele: Hey, genau, ich schäme mich.

Heike: Jetzt bin ich wieder dran.

(Nacheinander machen Heike und Nele verschiedene Gefühle vor. Nele kann müde gähnen, erschrocken die Hand vor den Mund halten, sich nachdenklich am Kopf kratzen, verträumt das Gesicht schief in die Hand legen, ängstlich zwischen zwei Fingern hindurchgucken. Heike kann dazwischen Gefühle wie glücklich, tieftraurig, erstaunt usw. zeigen. Die Kinder erraten die Gefühle. Hierbei kommt es weniger darauf an, dass „richtig" geraten wird, sondern vielmehr, dass viele Wörter für Gefühle genannt werden. Heike kann immer wieder fragen: „Wie nennt man das noch?" Das letzte genannte Gefühl wirkt in der Gruppe nach, daher sollte es ein schönes Gefühl sein, z. B. verliebt sein.)

Nele: Boah, so viele Wörter für Gefühle gibt es? Das hätte ich nicht gedacht.

Heike: Ja, und es gibt sogar noch viele, viele mehr.

Nele: Echt? Cool, das ist ja spannend.

Heike: Wir werden hier in unserem Kindergarten in den nächsten Tagen immer wieder mal etwas über Gefühle hören und spannende Dinge dazu machen.

Nele: Das ist ja toll, darf ich auch noch mal dazukommen?

Heike: Klar, wir haben dich doch gern hier!

Nele: Hach, das ist ein schönes Gefühl!

Heike: *(lacht)* Ja! Eigentlich fühlen wir alle immer irgendetwas.

Nele: Stimmt, und ich gehe jetzt in meinen Kindergarten. da spiel ich das Spiel von gerade mal mit Tom. Bin gespannt, ob er die ganzen Sachen errät!

Heike: Mach das! Tschüss, Nele!

Nele: Tschüss, Heike!

Weiterführende Aktionen

- Mit einem einfachen „Gefühlsanzeiger" mit selbst gemalten Emojis (Wut, Angst, Trauer, Freude) können die Gruppenkinder ihr momentanes Gefühl anzeigen.
- An den folgenden Tagen können die Kinder immer wieder verschiedene Gefühle benennen. Besonders in Streitsituationen ist es hilfreich, die Gefühle der Kinder zu bezeichnen. Dadurch wird die Wahrnehmung der Kinder füreinander und für sich selbst gestärkt.

GEFÜHLE

DER WUTTAG

- **Themen:** Gefühle, Wut
- **Situation:** Heute ist Nele so richtig wütend, weil morgens schon alles schiefgelaufen ist. Gemeinsam mit den Kindern überlegt sie, was gegen Wut hilft.
- **Requisiten:** keine

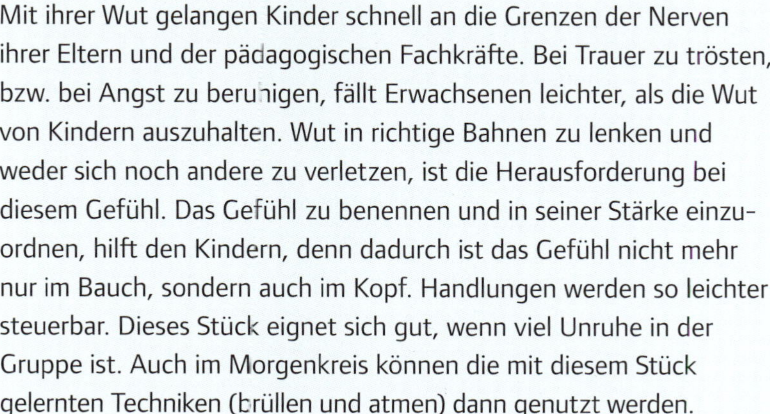

Pädagogischer Hintergrund

Mit ihrer Wut gelangen Kinder schnell an die Grenzen der Nerven ihrer Eltern und der pädagogischen Fachkräfte. Bei Trauer zu trösten, bzw. bei Angst zu beruhigen, fällt Erwachsenen leichter, als die Wut von Kindern auszuhalten. Wut in richtige Bahnen zu lenken und weder sich noch andere zu verletzen, ist die Herausforderung bei diesem Gefühl. Das Gefühl zu benennen und in seiner Stärke einzuordnen, hilft den Kindern, denn dadurch ist das Gefühl nicht mehr nur im Bauch, sondern auch im Kopf. Handlungen werden so leichter steuerbar. Dieses Stück eignet sich gut, wenn viel Unruhe in der Gruppe ist. Auch im Morgenkreis können die mit diesem Stück gelernten Techniken (brüllen und atmen) dann genutzt werden.

Das Handpuppen-Stück

Nele kommt wütend aus ihrem Koffer. Dabei stößt sie mehrmals an.

Nele: Aua! Oh Mann, auch das noch. Heute geht aber auch alles schief!

Heike: Guten Morgen, Nele.

Nele: Hm.

Heike: Ui, was ist denn mit dir los?

Nele: Ach, heute ist alles doof.

Heike: Okay, was denn alles?

Nele: Also, ich hatte gerade so schön von Gummibärchen geträumt, da hat Mama mich geweckt! Und dann war meine Lieblingshose in der Wäsche und ich musste so eine enge anziehen. Mein Lieblingspulli war ganz verschwunden und die Schokocreme beim Frühstück war alle. Dann ist noch mein Kakao umgefallen und es gab Riesenärger. Das Haarebürsten hat extra geziept und mein Bruder Ben hat mich auch geärgert. Und beim Losgehen hat der Reißverschluss an der blöden Jacke so geklemmt, dass ich ihn nicht zugekriegt habe und …

Heike: Oh, ich glaube das reicht. Ich habe verstanden. Du bist wütend.

Nele: Ja!

Heike: Und zwar so richtig doll?

Nele: Ja! So richtig, richtig doll!

Heike: So wütend wie ein Löwe oder so wie eine Maus?

Nele: Wie ein Löwe natürlich und so doll könnte ich auch brüllen.

Heike: Okay, dann mach das doch!

Nele: Soll ich?

Heike: Sollen wir mal alle brüllen?

Nele: Au ja!

Heike: Okay, Kinder, macht ihr mit? Bei drei: eins, zwei, drei! *(Heike, Nele und alle Kinder brüllen.)*

Nele: Mann, das war laut!

Heike: Ich glaube, wir können noch lauter.

Nele: Ja?

Heike: Versuchen wir das mal: eins, zwei, drei! *(Heike, Nele und alle Kinder brüllen lauter.)*

Nele: *(hält sich das Ohr zu)* Boah, das war ja noch lauter!

Heike: Und, hat es geholfen?

Nele: Ein bisschen schon.

Heike: Was hilft denn noch bei Wut?

Nele: Keine Ahnung, fragen wir doch mal die Kinder.

Heike: Kinder, was hilft euch, wenn ihr Wut habt?

(Heike moderiert die Antworten der Kinder. Wahrscheinlich wird es wenige Antworten geben. Falls die Kinder gute Ideen haben, greift Nele sie auf und probiert sie ggf. aus.)

Nele: Hm, das ist aber kompliziert. Das wissen die Kinder ja auch nicht so richtig.

Heike: Stimmt, bei anderen Gefühlen ist es leichter.

Nele: Bist du denn auch manchmal wütend?

Heike: Na klar!

Nele: Und was hilft dir dann?

Heike: Also, oft atme ich erst mal tief durch.

Nele: Wie?

Heike: Na so. *(atmet tief durch die Nase ein, durch den Mund aus)*

Nele: Und das hilft?

Heike: Ja, meistens.

Nele: Ich will auch!

Heike: Na dann auf drei: eins, zwei, drei!
(tief atmen, 3-mal wiederholen, dazwischen unbedingt genug Pause machen)

Nele: Boah, das tut gut.

Heike: Wunderbar! Dann hast du ja jetzt zwei Tricks, wenn die Wut kommt.

Nele: Zwei Tricks?

Heike: Ja, brüllen und atmen.

Nele: Stimmt. Die probiere ich aus bei der nächsten Wut. Jetzt muss ich aber los. Tschüss!

Heike: Tschüss, Nele.

GEFÜHLE

WUT IST GUT

Themen: Gefühle, Wut, Grenzen setzen

Situation: Nachdem Nele beim letzten Mal zwei Techniken für den Umgang mit ihrer Wut kennengelernt hat, hat sie ihrer Mama bei einem Streit vorgeschlagen, gemeinsam zu atmen. Diese fand das zunächst komisch, hat sich dann aber darauf eingelassen. Nun überlegt Nele mit Heike zusammen, wozu die Wut gut ist und wie man Grenzen setzt.

Requisiten: keine

Pädagogischer Hintergrund

Jedes Gefühl hat seine Berechtigung. Wut brauchen Menschen, um Energie für die Verteidigung zu haben. Grenzen zu setzen, fällt Menschen, die leicht wütend werden, z. B. leichter als Menschen, die ihre Wut schnell unterdrücken. Da Wut oft direkt sanktioniert wird, betont dieses Stück die guten Seiten der Wut.

Das Handpuppen-Stück

Nele kommt gut gelaunt aus ihrem Koffer.

Heike: Hallo, Nele.

Nele: Hallihallo!

Heike: Oh, gute Laune?

Nele: Ja!

Heike: Ganz anders als beim letzten Mal, weißt du noch? Da warst du so wütend.

Nele: Ja, weiß ich noch und dann haben wir gebrüllt und geatmet.

Heike: Genau.

Nele: Und weißt du, was inzwischen passiert ist?

Heike: Nee, erzähl!

Nele: Gestern, da war die Mama so richtig wütend.

Heike: Oh, was war denn los?

Nele: Ich sollte aufräumen und ich wollte spielen.

Heike: Ich verstehe. Das kennen wohl die meisten Kinder hier. *(guckt zu den Kindern)*

Nele: Ja? Na auf jeden Fall ist meine Mama dann so richtig wütend geworden.

Heike: Weil sie bestimmt mehrmals gesagt hat, dass du aufräumen sollst …

Nele: Kann sein. Auf jeden Fall habe ich ihr dann gesagt, dass sie tief durchatmen soll.

Heike: Okay, und?

Nele: Zuerst hat sie Nein gesagt.

Heike: Und dann?

Nele: Dann habe ich ihr erklärt, dass ich das bei dir im Kindergarten gelernt habe.

GEFÜHLE

Nele: Dann habe ich ihr gezeigt, wie das geht, und sie hat es ausprobiert.

Heike: Cool! Das machen, glaube ich, nur sehr wenige Erwachsene, wenn sie wütend sind. Hat es geholfen?

Nele: Ja und nein. Also Mama war weniger wütend, aber ich musste trotzdem aufräumen.

Heike: Okay, das kann ich verstehen. Sag mal, Nele …

Nele: Ja?

Heike: Weißt du eigentlich, wozu die Wut gut ist?

Nele: Nee.

Heike: Wut gibt unheimlich viel Energie. Wenn man nicht wütend sein könnte, dann wäre das schlecht.

Nele: Wieso?

Heike: Na, was machst du zum Beispiel, wenn dich jemand haut?

Nele: Dann haue ich zurück oder schimpfe ganz doll!

Heike: Genau. Und ohne Wut ginge das nicht. Wenn du da nicht wütend wärst, würdest du einfach stillhalten.

Nele: Dann würde der ja weiterhauen!

Heike: Genau. Und deshalb brauchen wir die Wut.

Nele: Ach so. *(überlegt)* Hm, und warum war die Wut bei Mama gestern gut?

Heike: Hättest du aufgeräumt, wenn deine Mama dir das nur ganz ruhig gesagt hätte?

Nele: Nee.

Heike: Siehst du, deswegen ist deine Mutter wütend geworden und hat es dann lauter gesagt. Wenn wir etwas richtig doll wollen oder auch nicht wollen, dann hilft uns die Wut dabei, dass wir das so sagen, dass die anderen das verstehen.

Nele: Hä?

Heike: Ich zeig es dir. Stups mich mal an.

Nele: *(stupst Heike an)*

Heike: *(ganz lieb)* Lass das bitte! … Mach noch mal! *(Nele stupst Heike wieder an.)*

Nele: *(laut und bestimmt)* Lass das!

Heike: Uiuiui!

Heike: Hast du den Unterschied gemerkt?

Nele: Klar. Beim zweiten Mal hätte ich sofort aufgehört.

Heike: Genau und dafür brauchen wir die Wut.

Nele: Die Superwut also!

Heike: Genau. Wut ist super, nur wenn sie zu doll wird, dann kann man sie mit unseren Tricks Brüllen und Atmen kleinbekommen.

Nele: Cool, das erzähle ich gleich mal dem Tom, der ist doch so selten wütend. Tschüss!

Heike: Tschüss, Nele.

GEFÜHLE

TASCHENLAMPE GEGEN ANGST

- **Themen:** Gefühle, Angst
- **Situation:** Nele hat Angst im Dunkeln, deshalb hat sie ihre Taschenlampe mitgebracht. Gemeinsam mit den Kindern findet sie weitere Mutmacher.
- **Requisiten:** Taschenlampe

Pädagogischer Hintergrund

Angst ist, wie alle Gefühle, da, wenn sie da ist, und kann nur bedingt „weggeredet" werden. Zur Entwicklung emotionaler Kompetenz gehört, dass Kinder für sich Strategien im Umgang mit der Angst entwickeln. Der Schwerpunkt des Handpuppen-Stücks liegt deshalb weniger auf der Angst vor Dunkelheit, sondern vielmehr auf den Mutmachern. Vielleicht werden einige Kinder behaupten, nie Angst zu haben. Das können Sie einfach so stehen lassen.

Das Handpuppen-Stück

Nele bleibt dieses Mal zunächst im aufgeklappten Koffer.

Heike: Nele?

Nele: *(leise)* Jaaa?

Heike: Kommst du heute gar nicht aus deinem Koffer?

Nele: Weiß ich noch nicht.

Heike: Was ist denn los?

Nele: Ist das bei euch heute sicher?

Heike: Wie, sicher? Klar, so sicher wie immer.

Nele: *(überlegt)* Na gut, ich habe ja auch immerhin meine Taschenlampe dabei! *(kommt mit Taschenlampe raus und setzt sich auf den Schoß der spielenden Person)*

Heike: Du hast heute deine Taschenlampe dabei?

Nele: Ja, dann ist das bei mir nie mehr dunkel.

Heike: Das wundert mich. Hast du zurzeit Angst im Dunkeln?

Nele: *(druckst rum)* Nee. Also ja. Also, eigentlich …

Heike: Ein bisschen Angst?

Nele: Okay, ein bisschen Angst schon.

Heike: Aber das brauchst du doch nicht!

Nele: Das sagt Mama auch, aber das hilft doch nicht! Die Angst ist einfach da. Und deshalb hab ich mir einen Mutmacher gesucht!

Heike: Deine Taschenlampe? Das ist aber mal eine gute Idee!

Nele: Ja. Guck mal! *(macht die Taschenlampe an)* So ist es hell und ich kann alles gut sehen. Das ist ein richtiger Mutmacher!

Heike: Wunderbar. *(überlegt)* Hm, ich überlege gerade, was ich so mache, wenn ich mal Angst habe.

Nele: Wie? Du hast auch manchmal Angst?

Heike: Klar! Alle Menschen haben mal Angst.

Nele: *(ungläubig)* Auch ihr Großen?

Heike: Na klar.

Nele: Dann brauchen also alle Mutmacher?

Heike: Genau, Mutmacher oder etwas anderes, was uns die Angst nimmt. Lass uns doch mal zusammen überlegen, was bei Angst hilft!

Nele: Au ja!

Heike: Und die besten Ideen hat man ja, wenn alle mitmachen. Kinder, was meint ihr, was kann man machen, wenn man Angst hat? Was macht ihr dann?
*(Ab hier moderiert Heike die Antworten der Kinder. Anregungen: nachts ein kleines Licht anlassen, Mama holen, Papa rufen, zum großen Bruder gehen, Freund*innen mitnehmen, Kuscheltier dabeihaben, trainieren, um noch stärker zu werden …)*

Nele: Boah, jetzt haben wir aber viele Mutmach-Ideen, cool.

Heike: Ja, klasse, auf wie viele Ideen die Kinder gekommen sind.

Nele: Die probiere ich alle aus, wenn ich das nächste Mal Angst habe.
Danke! Jetzt muss ich aber los in meinen Kindergarten.

Heike: Alles klar, tschüss, Nele.

Nele: Tschüss! *(verschwindet in ihrem Koffer)*

Tipp

Dieses Stück eignet sich besonders für den Einsatz in der dunklen Jahreszeit.

Weiterführende Aktionen

- Haben Sie mehrere Taschenlampen zur Verfügung, können die Kinder in einem zunächst hellen, dann abgedunkelten Raum (z. B. dem Schlafraum) erforschen, wie weit welche Taschenlampe leuchtet.
- Auch ein einfaches Schattentheater lässt sich mit einer Taschenlampe und den Händen machen. Sicherheitshinweis: Unbedingt vorher die Regel besprechen, dass nicht in die Augen geleuchtet werden darf!

GEFÜHLE

ANGSTHASEN SIND SCHLAU

- **Thema:** Angst
- **Situation:** Neles großer Bruder Ben hat mitbekommen, dass Nele Angst im Dunkeln hat. Nun behauptet er, sie sei ein Angsthase. Gemeinsam mit Heike überlegt Nele, ob die Angst vielleicht auch gut ist.
- **Requisiten:** keine

Pädagogischer Hintergrund

Je nach kulturellem Hintergrund wird vor allem bei Jungen Angst oft negativ sanktioniert und auf diese Weise weggedrückt. Diese Kinder können Angst oft nicht benennen und steigern sich in ein „Das will ich nicht!" hinein, probieren neue Dinge erst gar nicht aus oder begeben sich zu furchtlos in gefährliche Situationen. Dieses Handpuppen-Stück zeigt die guten Seiten der Angst auf und ermutigt, zu seiner Angst zu stehen.

Das Handpuppen-Stück

Nele kommt genervt aus ihrem Koffer.

Nele: Mann, Mann, Mann, so ein Blödmann!

Heike: Oh, Nele, was ist denn heute los?

Nele: Ach Mann, der Ben hat mitbekommen, dass ich gestern Angst im Dunkeln hatte.

Heike: Ja, und?

Nele: Und dann hat er gesagt, ich wäre ein Angsthase!

Heike: Oh, das ist aber nicht nett.

Nele: Nee. Blöder Bruder!

Heike: *(lacht)* Aber Angsthase, das ist eigentlich lustig.

Nele: Wieso?

Heike: Weil Hasen sehr schlau sind, wenn sie Angst haben. Das war also eigentlich was Gutes, ein richtiges Kompliment!

Nele: Oh, cool, aber das musst du mir mal genauer erklären.

Heike: Also Hasen laufen weg, wenn Gefahr droht. Also wenn sie zum Beispiel einen Fuchs sehen, riechen oder hören.

Nele: Und das ist schlau?

Heike: Ja klar, denn gegen einen Fuchs können Hasen ja nicht gewinnen. Deshalb ist weglaufen sogar richtig schlau!

Nele: Dann müsste das ja eigentlich Schlauhase und nicht Angsthase heißen?

Heike: *(lacht)* Stimmt.

Nele: Und warum sagt man dann Angsthase?

GEFÜHLE

Heike: Ich glaube, manche Leute wissen gar nicht, wozu die Angst gut ist.

Nele: Äh, Heike wozu ist die Angst denn gut?

Heike: Angst brauchen wir Menschen, damit wir vorsichtig sind. Wenn du zum Beispiel auf dem Spielplatz auf ein Klettergerüst kletterst, dann sagt deine Angst dir, wann es gefährlich wird, wann du also wieder herunterklettern solltest.

Nele: Das kenne ich! Das ist dann so ein komisches Gefühl. Aber ich kann trotzdem höher klettern als Tom!

Heike: Dann sagt ihm seine Angst also früher, dass er aufhören soll.

Nele: Ja, der hört nämlich immer schon bei der Hälfte auf.

Heike: Ach ja? Siehst du, dann hat Tom ja auch schlaue Angst.

Nele: Ja, der ist also auch ein Schlauhase!

Heike: Stimmt.

Nele: Also, das mit dem Klettern verstehe ich ja. Aber wozu ist dann meine Angst im Dunkeln gut?

Heike: Na ja, im Dunkeln sehen wir Menschen nicht so gut. Da könnte man zum Beispiel stolpern.

Nele: Stimmt. Außer wenn ich meine Taschenlampe mitnehme.

Heike: Ja, da hattest du ja eine gute Idee.

Nele: Stimmt, ich bin ein richtiger Schlauhase!

Heike: *(lacht)* Sag ich ja!

Nele: Und was mach ich jetzt, wenn Ben mich wieder Angsthase nennt?

Heike: Hm, vielleicht erklärst du ihm das mit den Hasen?

Nele: Ja, das mache ich. Ich sag dem einfach, dass Angsthasen eigentlich Schlauhasen sind und dass Angst wichtig ist.
Jetzt muss ich aber los in meinen Kindergarten. Tschüss, Heike.

Heike: Tschüss, Nele.

Weiterführende Aktion

Mit Klopapierrollen als Körper, Wackelaugen und Hasenohren aus Tonpapier können die Kinder ganz einfach eigene Schlauhasen basteln. Dabei kann das Thema aufgegriffen und vertieft werden.

GEFÜHLE

TRAUER ÜBER DIE VERLORENE HAARSPANGE

- **Thema:** Trauer
- **Situation:** Nele hat gestern ihre Lieblingshaarspange verloren und trauert nun darum.
- **Requisiten:** keine

Pädagogischer Hintergrund

Manchmal lassen sich Gefühle nicht direkt verwandeln, sondern brauchen ihre Zeit, um durchlebt zu werden. Dies ist vor allem bei der Trauer wichtig und gut gemeinte Sätze, wie: „Na, so langsam müsste das aber mal gut sein", „Reiß dich doch mal zusammen" oder „Anderen geht es noch schlechter" setzen gerade Trauernde unter Druck. Dass Nele so lange trauern darf, wie sie will, ist die wichtige Aussage in diesem Handpuppen-Stück.

Das Handpuppen-Stück

Nele kommt traurig aus ihrem Koffer.

Heike: Hallo, Nele.

Nele: *(traurig)* Hallo.

Heike: Oh, du hörst dich aber traurig an.

Nele: Ja, ich habe gestern meine Haarspange verloren.

Heike: Oh, war es eine besondere?

Nele: Ja, die ganz tolle mit dem Pferd darauf!

Heike: Oh, wo hast du sie denn verloren?

Nele: Also, Mama hat sie mir gestern in die Haare gemacht und dann sind wir zum Spielplatz gegangen.

Heike: Und dann?

Nele: Dann weiß ich nicht mehr. Aber als wir nach Hause wollten, war sie weg.

Heike: Und dann?

Nele: Na, dann haben wir natürlich erst mal alles abgesucht.

Heike: Und sie nicht gefunden?

Nele: Nee, die Haarspange blieb einfach verschwunden! Selbst auf dem Weg nach Hause haben wir gesucht und gesucht!

Heike: Ui, und was hat deine Mutter dazu gesagt?

Nele: Die hat nur gemeint, ich soll mich nicht so aufregen. Ich hätte ja noch sooo viele Haarspangen.

Heike: Und, stimmt das?

Nele: Ja, aber doch nicht mit Pferden! Das war meine Lieblingsspange!

GEFÜHLE

Heike: Und jetzt bist du traurig.

Nele: Ja.

Heike: Das verstehe ich.

Nele: Weil, ich hab doch jetzt nie mehr eine Haarspange mit Pferden.

Heike: Was könnte dir denn jetzt helfen?

Nele: Nix. Ich glaube, da hilft einfach nix!

Heike: Sollen wir mal die Kinder fragen?

Nele: Hm, kannst du ja machen.

Heike: Habt ihr eine Idee, was Nele jetzt helfen könnte?
(Heike moderiert die Antworten der Kinder. Die Ideen „trösten" oder „neue Haarspange kaufen" werden voraussichtlich dabei sein.)

Heike: Und, ist eine Idee für dich dabei?

Nele: Nee. Ich glaub, da muss ich einfach noch lange, lange traurig sein.

Heike: Okay. Dann muss das wohl so sein.

Nele: Ja. *(Pause)* Du, Heike?

Heike: Ja?

Nele: Hört das irgendwann auf mit dem Traurig-Sein?

Heike: Ja, alle Gefühle hören irgendwann auf und dann kommen andere.

Nele: Na, dann ist ja gut. *(Pause)* Und ich darf so lange traurig sein, wie ich will?

Heike: Na klar.

Nele: Gut. Dann gehe ich jetzt in meinen Kindergarten, bin traurig und warte einfach, bis das weggeht. Tschüss.

Heike: Tschüss, Nele.

Weiterführende Aktion

Da dieses Stück traurig endet, kann es sein, dass das Gefühl in der Gruppe noch da ist, wenn Nele verschwunden ist. Ein bewusst geplanter Gegenpol (z. B. ein fröhliches Lied) holt die Kinder zurück. Wenn das Stück „gut" enden soll, kann Nele sich von Heike umarmen und so trösten lassen.

Tipp

Manchmal halten Kinder die Trauer nicht aus. Eine Störaktion während des Stückes kann ein Hinweis darauf sein. Nele kann diesem leicht mit „Lass mich, ich will noch traurig sein!" begegnen.

GEFÜHLE

TRAUER IST DOOF

- **Themen:** Gefühle, Trauer
- **Situation:** Nele denkt über Trauer nach und fragt sich, wofür diese gut ist. Inhaltlich verstehen können dies Kinder frühestens ab dem Vorschulalter.
- **Requisiten:** keine

Pädagogischer Hintergrund

Jedes Gefühl hat seine Berechtigung. Die Trauer brauchen Menschen, um schwierige Dinge zu verarbeiten. In manchen Kulturen wird Trauer als Schwäche angesehen und vor allem bei Jungen unterdrückt. Dass Trauer wichtig ist, wird in diesem Handpuppen-Stück deutlich.

Das Handpuppen-Stück

Nele kommt nachdenklich aus ihrem Koffer.

Heike: Hallo, Nele

Nele: Hm … *(starrt vor sich hin)*

Heike: Nele? *(kurze Pause)* Was ist los bei dir?

Nele: Ach, heute denke ich über etwas nach.

Heike: Und worüber denkst du nach?

Nele: Über die Trauer.

Heike: Oh, das ist ein wichtiges Thema.

Nele: Ja, finde ich auch. Gestern war ich ja traurig wegen der verlorenen Haarspange.

Heike: Ich weiß.

Nele: Und wir haben doch auch schon über die Gefühle Wut und Angst gesprochen.

Heike: Ja, stimmt.

Nele: Und bei allen haben wir was Gutes gefunden. Also etwas, warum man das Gefühl braucht.

Heike: Du meinst, bei der Wut die Energie, die kommt, und bei der Angst, dass man vorsichtig ist?

Nele: Genau.

Heike: Und?

Nele: Und ich überlege nun schon die ganze Zeit, wofür man die Trauer braucht. Die ist doch wirklich überflüssig!

Heike: Oh, nein.

Nele: Nicht?

Heike: Nein. Die Trauer brauchen wir Menschen, um schwierige Dinge zu verarbeiten.

Nele: Hä?

Heike: Hm, das ist ein bisschen schwierig zu erklären.

Nele: Versuch das mal! Ich bin doch schlau.

Heike: *(schmunzelt)* Stimmt!

Nele: Also?

Heike: Also: Wenn man etwas verloren hat und man dann nicht traurig sein konnte.

Nele: Ja?

Heike: Dann bleibt so ein komisches Gefühl im Bauch.

Nele: Hm.

Heike: Und wenn dann noch etwas passiert, was traurig ist ...

Nele: Also, man zum Beispiel noch was verliert?

Heike: Ja, genau! Dann werden das immer mehr komische Gefühle im Bauch.

Nele: Aha, und irgendwann ist der ganze Bauch dann voll und man platzt.

Heike: Na ja ... so ungefähr.

Nele: Okay, und wenn man aber traurig sein kann?

Heike: Dann gehen die Gefühle aus dem Bauch weg.

Nele: Hä, wie das denn?

Heike: Verarbeiten nennt man das. Das ist so, also ob man durch das Gefühl durchgeht.

Nele: Hä?

Heike: Gestern, als du hierherkamst, da warst du doch traurig wegen der Haarspange.

Nele: Ja.

Heike: Und als du gegangen bist, warst du auch noch traurig.

Nele: Ja.

Heike: Und jetzt? Bist du jetzt auch noch traurig?

Nele: Nee. Irgendwie ist das jetzt weg.

Heike: Siehst du, so gehen alle Gefühle irgendwann auch wieder weg, wenn man sie fühlt und es zulässt, dass man traurig ist.

Nele: Hm, so ganz verstanden habe ich das noch nicht. Aber ich denke da noch mal darüber nach. Tschüss erst mal.

Heike: Tschüss, Nele.

Gefühle

Ein Freudentag

- **Themen:** Gefühle, Freude
- **Situation:** Nele freut sich auf heute Nachmittag, denn da darf sie allein mit ihrer Oma spielen. Sie bespricht mit Heike, wozu ein so schönes Gefühl wie Freude gut ist.
- **Requisiten:** keine

Pädagogischer Hintergrund

Die Versuchung, mit der Handpuppe vor allem schwierige Gefühle und Dinge anzusprechen, ist groß. Damit Nele ihre Unbeschwertheit behält und die Kinder nicht das Gefühl haben „Wenn Nele auftaucht, geht es um Probleme", widmet sich dieses Stück dem schönen Gefühl Vorfreude. Freude ist zudem das vierte Basisgefühl neben Wut, Angst, und Trauer und gehört unbedingt in eine Reihe zu Gefühlen.

Das Handpuppen-Stück

Nele kommt gut gelaunt aus ihrem Koffer.

Heike: Hallo, Nele.

Nele: *(fröhlich)* Hallihallo!

Heike: Na, du hast ja gute Laune!

Nele: Ja!

Heike: Und wie kommt das?

Nele: Ich freu mich so!

Heike: Oh, worauf denn?

Nele: Heute Nachmittag darf ich allein zu Oma!

Heike: Ist das was Besonderes?

Nele: Ja klar, normalerweise kommt mein großer Bruder Ben mit. Aber dann spielt Oma immer nur mit ihm.

Heike: Und heute?

Nele: Heute ist Ben bei einem Kindergeburtstag eingeladen und ich habe Oma nur für mich!

Heike: Oh, da glaube ich, dass das schön ist.

Nele: Ja, ich freu mich so!

Heike: Was ist denn besonders schön bei deiner Oma?

Nele: Die spielt so lustig! Neulich haben wir mit den kleinen Pferden gespielt und Omas Pferd ist immer nur rückwärtsgelaufen und hat nicht „Hüh!", sondern immer nur „Häh!" gesagt …

Heike: *(lacht)* Das ist ja verrückt!

Nele: Ja und toll! Und Eis gibt es da immer auch!

Gefühle

Heike: Dann hast du ja einen tollen Nachmittag vor dir.

Nele: Ja, ich freu mich so! *(hopst und zappelt vor Freude)*

Heike: In den letzten Tagen haben wir ja schon über so viele schwierige Gefühle, wie Wut, Angst und Trauer, gesprochen und darüber, wofür die gut sind. Und wofür ist wohl die Freude gut?

Nele: Hä? Keine Ahnung …

Heike: Dann fragen wir doch mal die Kinder: Kinder, habt ihr eine Idee, wofür die Freude gut ist?
(Heike moderiert die Antworten der Kinder. Wenn keine Antworten kommen, setzt Nele ein.)

Nele: Jetzt weiß ich es! Freude brauchen wir, weil die einfach toll ist!

Heike: Genau. Wenn wir uns freuen, dann geht es uns gut.

Nele: Ja, heute ist einfach ein Freudentag!

Heike: Sollen wir mal die Kinder fragen, worauf sie sich freuen?

Nele: Au ja!

Heike: Kinder, gibt es etwas, worauf ihr euch besonders freut?
(Heike moderiert die Antworten der Kinder.)

Nele: Mensch, so viel Freude im Raum!

Heike: Ja, toll, oder? Wenn man über schöne Sachen spricht, wird man selbst auch gleich fröhlicher.

Nele: Das ist toll! Und jetzt gehe ich mal in meinen Kindergarten, damit ganz schnell Nachmittag wird!

Heike: Mach das. Tschüss, Nele!

Nele: Tschüss!

Tipp

Zum Abschluss können Sie zusammen mit den Kindern gut ein Lied über Freude oder einfach ein fröhliches Lied singen, z. B. der Kanon „Froh zu sein, bedarf es wenig".

Gefühle

Eifersüchtig auf den großen Bruder

- **Themen:** Gefühle, Eifersucht
- **Situation:** Neles Bruder hat heute Geburtstag und Nele ist sehr eifersüchtig auf ihren Bruder. Sie befürchtet, dass er das Lieblingskind der Eltern ist.
- **Requisiten:** keine

Pädagogischer Hintergrund

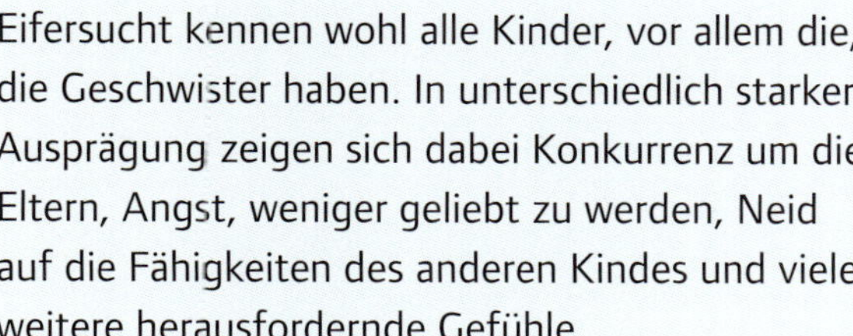
Eifersucht kennen wohl alle Kinder, vor allem die, die Geschwister haben. In unterschiedlich starker Ausprägung zeigen sich dabei Konkurrenz um die Eltern, Angst, weniger geliebt zu werden, Neid auf die Fähigkeiten des anderen Kindes und viele weitere herausfordernde Gefühle.

Das Handpuppen-Stück

Nele kommt bedrückt aus ihrem Koffer.

Heike: Hallo, Nele

Nele: *(bedrückt)* Hallo, Heike …

Heike: Oh, was ist denn mit dir los? Gab es heute Morgen schon Ärger zu Hause?

Nele: Nee, oder nicht direkt.

Heike: Was ist denn los?

Nele: Ben, mein großer Bruder, hat heute Geburtstag.

Heike: Ach, das ist doch schön!

Nele: Ja! Und nein! Ach, Heike, ich weiß auch nicht, der hat sooo viele Geschenke bekommen!

Heike: Oh, ich ahne was.

Nele: Na ja, und ich habe nur ein einziges kleines Geschenk bekommen.

Heike: Und jetzt?

Nele: Weiß ich nicht, da ist so ein ganz doofes Gefühl im Bauch!

Heike: Das nennt man Eifersucht.

Nele: Eifersucht?

Heike: Ja, oder Neid, wenn andere etwas haben, was man selber nicht hat, dann ist es Neid. Bei Geschwistern oft Eifersucht.

Nele: Hm, da muss ich drüber nachdenken.

Heike: Hast du so ein Gefühl schon mal gehabt?

Nele: Ja, bei Ben ständig und im Kindergarten, wenn ich neben meiner Lieblingserzieherin sitzen will, und da sitzen schon andere Kinder.

Heike: Dann fühlst du Eifersucht.

GEFÜHLE

Nele: Hm, das ist aber ein ganz doofes Gefühl!

Heike: Ja, das stimmt.

Nele: Ist das für irgendwas gut, so wie Wut und Trauer?

Heike: Neid und Eifersucht geben uns wie die Wut auch Energie. Wenn wir immer mit dem zufrieden wären, was wir haben, dann würden wir uns nicht mehr anstrengen, etwas Besseres zu bekommen.

Nele: Häh?

Heike: Das ist wirklich schwierig. Und von allen Gefühlen, die wir bisher hatten, ist Eifersucht, glaube ich, das Schwierigste. Damit haben sogar viele Erwachsene noch große Probleme.

Nele: Echt?

Heike: Ja. Ich glaube, bei Eifersucht unter Geschwistern ist es das Wichtigste, zu wissen, dass Eltern immer beide Kinder lieb haben.

Nele: Das weiß ich eigentlich ja auch! Und an meinem Geburtstag bekomme ich ja dann die vielen Geschenke und Ben nur eins!

Heike: Na, dann ist es ja gut.

Nele: Ja, jetzt geht es mir ja auch schon viel besser! Danke und tschüss!

Heike: Tschüss, Nele!

Tipp

In Kindergartengruppen kann dieses Handpuppen-Stück auch gut zu Beginn des Kindergartenjahres gespielt werden, wenn die Eifersucht auf die Kleinen groß ist, die in der Eingewöhnung mehr Zeit der Erwachsenen beanspruchen.

Weiterführende Aktion

Da Nele sich über zu wenig Geschenke beschwert hat, können die Kinder im Anschluss etwas für Nele basteln oder malen. Dieses wird dann als Geschenk verpackt und bei Neles nächstem Besuch überreicht.
Achtung: Überlegen Sie gut, wie Nele das Geschenk überreicht wird! Entweder schaut sich Nele das Geschenk in Ruhe zu Hause an oder Heike hilft beim Auspacken und legt das Geschenk dann in Neles Koffer.

DER MARMELADEN-STREIT

- **Thema:** Teilen
- **Situation:** Neles bester Freund Tom hat bei ihr übernachtet. Morgens war nur noch genug Lieblingsmarmelade für ein Brot da. Nele hat nichts abgegeben und deshalb ist Tom jetzt sauer. Gemeinsam mit den Kindern überlegt Nele nun, was sie machen soll.
- **Requisiten:** keine

Pädagogischer Hintergrund

Teilen ist eine große Herausforderung für Kinder, besonders wenn Freund*innen zu Besuch sind und die Kinder das Gefühl haben, das ihnen eigentlich alles gehört. Sie wissen oft vom Kopf her, dass sie teilen müssten, bekommen aber das notwendige Eigene-Bedürfnisse-Zurückstellen nicht hin und reagieren deshalb falsch. Sich nach einem Streit zu entschuldigen, fällt ihnen ebenso schwer wie den Erwachsenen. Eine Entschuldigung sollte nie aufgezwungen, sondern vielmehr als eine Möglichkeit präsentiert werden, die Dinge wieder in Ordnung zu bringen. Bestenfalls entwickeln die Kinder diese Idee selbst.

Das Handpuppen-Stück

Nele kommt schlecht gelaunt aus ihrem Koffer.

Heike: Hallo, Nele.

Nele: *(bedrückt)* Hallo.

Heike: Was ist denn heute mit dir los?

Nele: Alles ist doof!

Heike: Na, dann erzähl mal, was ist denn passiert?

Nele: Tom, mein bester Freund, hat von gestern auf heute bei mir übernachtet.

Heike: Aber das ist doch toll!

Nele: *(fröhlicher)* Ja, das war es auch! Gestern Abend haben wir noch ganz lange gequasselt und sogar heimlich Gummibärchen gegessen!

Heike: Und dann?

Nele: Dann kam heute Morgen das Frühstück.

Heike: Und?

Nele: Da war nur noch ganz wenig von meiner Lieblingsmarmelade da. Nur noch für ein Brot. Und ich esse doch immer Marmelade zum Frühstück!

Heike: Oh, oh, ich ahne schon. Tom wollte auch Marmelade.

Nele: *(kleinlaut)* Ja. Aber ich hatte mein Brot schon geschmiert!

Heike: Und Tom wollte was abhaben?

Nele: Ja.

Heike: Und dann?

Nele: Dann ist mir ein toller Trick eingefallen. *(lacht)* Ich habe einfach ganz schnell über das ganze Brot geleckt. Dann wollte Tom das nicht mehr.

Heike: Ein toller Trick?

Nele: Na ja, zumindest hatte ich dann das Brot für mich.

Heike: Und Tom?

Nele: Der war natürlich sauer. Hat was gesagt über beste Freunde, die teilen und so … Und dann hat Mama auch noch geschimpft und gesagt, ich wäre ganz gemein.

Heike: Und was meinst du?

Nele: Erst dachte ich, ich bin im Recht. Immerhin war das mein Frühstückstisch und ich esse immer Marmelade.

Heike: Und jetzt?

Nele: Na ja, als der Tom dann so sauer war, war das blöd. *(kurze Pause, dann kleinlaut)* Ich glaube, ich hätte ihm doch was abgeben sollen.

Heike: *(behutsam)* Das denke ich auch. Und jetzt?

Nele: Na, jetzt ist Tom total sauer auf mich und deshalb bin ich direkt hierhergekommen und nicht in meinen Kindergarten.

Heike: Und was willst du nun machen?

Nele: *(bedrückt)* Weiß nicht.

Heike: Sollen wir mal die Kinder fragen? Kinder, was meint ihr, was soll Nele jetzt machen? *(Heike moderiert die Antworten der Kinder. Bei dieser klaren Situation wird wahrscheinlich ein Kind auf die Idee kommen, dass Nele sich entschuldigen soll. Wenn nicht, schlägt Heike dies als eine Möglichkeit vor.)*

Nele: Ihr meint also, ich soll mich entschuldigen?

Heike: Ja, ich glaube, das ist das Sinnvollste.

Nele: Hab ich auch schon gedacht, aber …

Heike: Aber?

Nele: Ach, das ist sooo doof, sich zu entschuldigen!

Heike: Oh, ich kann dich gut verstehen. Jemandem zu sagen, dass man etwas falsch gemacht hat, und ihn um Verzeihung zu bitten, ist echt schwer.

Nele: *(kleinlaut)* Ja. *(kurze Pause)* Aber ihr meint, das wäre das Beste?

Heike: Ich glaube schon. Mit einer Entschuldigung kann man Streit am besten wieder in Ordnung bringen. Dann sieht der andere, dass es einem leidtut.

Nele: Na, dann gehe ich jetzt los und versuche das mal.

Heike: Ich glaube, du schaffst das!

Nele: Okay. Tschüss dann.

Heike: Tschüss, Nele, bis zum nächsten Mal!

Tipp

Anstelle von Marmelade kann natürlich auch eine beliebte Schokocreme genannt werden.

KONFLIKTE

TOM WILL NUR MIT ANDEREN SPIELEN

- **Themen:** Freundschaft, Streit, Eifersucht
- **Situation:** Neles bester Freund Tom hat in den letzten Tagen viel mit anderen Kindern gespielt. Nun ist Nele traurig und fragt sich, ob er überhaupt noch ihr Freund sein will. Mit Heike und den Kindern überlegt Nele, was wirkliche Freundschaft ausmacht.
- **Requisiten:** keine

Pädagogischer Hintergrund

Die Balance zwischen Exklusivität und der Freiheit, mit anderen zu spielen (bzw. bei Erwachsenen der eigene Freiraum) ist eine der größten Herausforderungen für die Gestaltung von Beziehungen und Freundschaften. Dabei haben Kinder oft Streit mit ihren Freundinnen und Freunden, da ihnen die Worte fehlen, um die entsprechenden Gefühle wie z. B. Eifersucht zu benennen. Damit Kinder lernen, sich auch in die Lage der anderen Person zu versetzen, brauchen sie die Hilfe der Erwachsenen.

Das Handpuppen-Stück

Nele kommt mit einer Mischung aus Trauer und Ärger aus dem Koffer.

Nele: Ich gehe nie mehr in meinen Kindergarten.

Heike: Oh, Nele, was ist denn los?

Nele: Ich habe einfach keine Lust!

Heike: Hm, so kenne ich dich gar nicht. Du wirkst traurig und ärgerlich gleichzeitig.

Nele: Ja, das bin ich auch. Und deswegen gehe ich nie mehr in meinen Kindergarten.

Heike: Oh, was war denn da gestern los?

Nele: Ach Mann! Tom ist doch mein bester Freund. Und der hat gestern nur mit anderen Kindern gespielt. Gar nicht mit mir!

Heike: Oh, das hat dich traurig gemacht?

Nele: Ja, ich wollte doch so gern mit ihm in der Puppenecke spielen!

Heike: Und Tom?

Nele: Der wollte lieber mit Jan in die Bauecke. Und danach waren wir draußen und da hat er mit Mohamed im Sand gespielt, obwohl ich mit ihm schaukeln wollte.

Heike: Hm, ihr konntet euch also nicht auf ein Spiel einigen?

Nele: Nee, Tom wollte unbedingt was anderes spielen.

Heike: Und du wolltest unbedingt deins spielen?

Nele: Ja!

Heike: Hm, habt ihr euch richtig gestritten?

KONFLIKTE

Nele: Nee, aber das ist jetzt ganz oft so. Im Kindergarten spielt Tom fast immer mit anderen Kindern.

Heike: Weil er etwas anderes spielen möchte als du?

Nele: Ja.

Heike: Also, eigentlich finde ich das ganz normal. Jeder spielt doch das, was er will, mit den Kindern, die das auch möchten. Was macht dich daran so traurig?

Nele: Aber der Tom ist doch mein Freund!

Heike: Ach so, du bist eifersüchtig auf die anderen Kinder. Tom bleibt natürlich dein Freund.

Nele: Ja, meinst du?

Heike: Klar.

Nele: Auch wenn er immer mit anderen Kindern spielt?

Heike: Klar. Seht ihr euch nachmittags noch?

Nele: Ja, klar, da spielen wir richtig toll miteinander!

Heike: Na, siehst du. Das ist doch das, was Freundschaft ausmacht. Man muss doch nicht immer nur zusammen spielen. Jeder kann doch auch mal mit anderen spielen.

Nele: Hm, darüber muss ich nachdenken.

Heike: Wir können ja mal die Kinder fragen. Kinder, wie ist das, wenn man befreundet ist, muss man dann nur mit der besten Freundin oder dem besten Freund spielen? Mit wem spielt ihr am liebsten?
(Heike moderiert die Antworten der Kinder.)

Nele: Ach so. Ihr meint, man hat einfach mehrere Freundinnen und Freunde?

Heike: Ja, du spielst doch sicherlich auch mit anderen Kindern.

Nele: Ja, klar, mit Lisa natürlich.

Heike: Na siehst du! Das ist doch gut.

Nele: Hm, aber der Tom hat die ganze Zeit nur mit anderen gespielt.

Heike: Vielleicht könntest du ihm sagen, dass du mit ihm spielen willst. Meinst du, das hilft?

Nele: *(nachdenklich)* Vielleicht …

Heike: Vielleicht hat Tom ja auch gar nicht gemerkt, dass du so traurig bist.

Nele: Keine Ahnung. Auf jeden Fall sag ich ihm gleich, das ich heute mit ihm spielen will.

Heike: Dann gehst du doch in den Kindergarten?

Nele: Ja, jetzt sofort! Tschüss, Heike.

Heike: Tschüss, Nele.

Weiterführende Aktion

Im Anschluss an dieses Stück bietet es sich an, mit den Kindern Freundschaftsbänder zu basteln (z. B. aus Wolle flechten oder Perlen auffädeln) und dabei mit ihnen intensiver ins Gespräch über Freundschaften zu kommen.

KONFLIKTE

DER RIESENSTREIT

- **Themen:** Streit, Beziehungen
- **Situation:** Nele hatte vorgestern einen sehr großen Streit mit ihrem besten Freund Tom. Dabei hat Tom gesagt, sie sei nie wieder seine Freundin. Nun hat Nele Angst, dass es tatsächlich so ist. Darüber spricht sie mit Heike und den Kindern.
- **Requisiten:** keine

Pädagogischer Hintergrund

Streiten und sich wieder vertragen sind wichtige soziale Kompetenzen, die Kinder im Kindergartenalltag trainieren. Dabei müssen immer wieder Kompromisse ausgehandelt und die Balance zwischen eigenen Wünschen und denen der Freundinnen und Freunde gefunden werden.
Der Satz „Dann bist du nie wieder mein Freund bzw. meine Freundin“ nutzen Kinder im Streit manchmal als Drohung, um andere Kinder dazu zu bringen, etwas für sie zu tun, oder weil sie die zum Streit gehörenden Gefühle nicht benennen können. Dass richtige Freundschaft auch Streit aushält, macht dieses Handpuppen-Stück deutlich.

Das Handpuppen-Stück

Nele kommt sehr traurig aus ihrem Koffer.

Heike: Hallo, Nele!

Nele: *(sehr traurig)* Hallo, Heike.

Heike: Oh, oh, was ist denn los?

Nele: Ach, alles ist ganz doof.

Heike: Oh? Erzähl mal, was macht dich so traurig?

Nele: Ach, es ist wegen Tom …

Heike: Deinem besten Freund?

Nele: Ja, oder nein. *(weint etwas)*

Heike: Ach, Nele, du scheinst ja richtig traurig zu sein … Erzähl mal, was ist passiert?

Nele: Also, der Tom ist nicht mehr mein Freund.

Heike: Oh? Hattet ihr Streit?

Nele: Ja. Ganz viel Streit sogar.

Heike: Was war denn los?

Nele: Tom wollte immer bestimmen.

Heike: Und du?

Nele: Na, zuerst war das okay. Da haben wir gespielt, was er wollte. Aber dann, dann war mir das zu viel. Immer war er der König und ich sollte seine Dienerin sein.

Heike: Und dann?

KONFLIKTE

Nele: Tom hat gesagt, wenn ich nicht das mache, was er will, dann ist er nicht mehr mein Freund.

Heike: Na, das ist aber fies. Das ist ja Erpressung!

Nele: Ja, und ich wollte das nicht! Also habe ich nicht mitgemacht.

Heike: Und dann?

Nele: Dann ist Tom einfach nach Hause gegangen.

Heike: Wann war das denn?

Nele: Hm, übergestern.

Heike: Vorgestern?

Nele: Ja. Und gestern im Kindergarten hat Tom dann gar nicht mit mir gespielt.

Heike: Oh, dann war das ja wirklich ein schlimmer Streit.

Nele: Ja, ein Riesenstreit sogar! *(zögerlich)* Du, Heike …?

Heike: Ja?

Nele: Meinst du, der Tom ist jetzt wirklich nicht mehr mein Freund?

Heike: Das glaube ich nicht. Ihr habt euch doch schon öfter gestritten.

Nele: Ja, aber noch nie so lange.

Heike: Sollen wir mal die Kinder fragen?

Nele: Au ja!

Heike: Kinder, hattet ihr auch schon mal so dollen Streit mit eurer besten Freundin oder eurem besten Freund? *(Heike moderiert die Antworten der Kinder und lässt sich von ihren Streit-Erfahrungen erzählen.)*

Nele: Mensch, das hätte ich nicht gedacht.

Heike: Was denn?

Nele: Das alle schon mal Streit hatten.

Heike: Ja, das ist doch normal! Auch wir Erwachsenen haben Streit miteinander.

Nele: Echt?

Heike: Ja. Und fast immer verträgt man sich doch nachher wieder.

Nele: Meinst du, das geht mit Tom und mir auch?

Heike: Klar! Manchmal geht das nicht direkt am nächsten Tag, aber irgendwann geht es bestimmt. Wahrscheinlich ist Tom auch schon traurig, dass ihr gerade Streit habt.

Nele: Soll ich ihn mal fragen, ob wir uns wieder vertragen?

Heike: Das finde ich eine gute Idee!

Nele: Das mache ich. Ich geh gleich mal los in meinen Kindergarten. Tschüss, Heike!

Heike: Tschüss, Nele!

Weiterführende Aktion

Im Anschluss können mit den Kindern „Versöhnungskisten" gebaut werden, z. B. in Form von beklebten Streichholzschachteln. Haben die Kinder das nächste Mal Streit, können sie zum Beispiel ein Bonbon hineinlegen und es dem Freund zum Versöhnen schenken.

KONFLIKTE

HALT, STOPP! ICH WILL DAS NICHT!

- **Thema:** Grenzen setzen
- **Situation:** Nele hat gestern in ihrem Kindergarten etwas Neues gelernt, die „Halt-Stopp-Geste". Die findet Nele so toll, dass sie es den Kindern beibringen will.
- **Requisiten:** keine

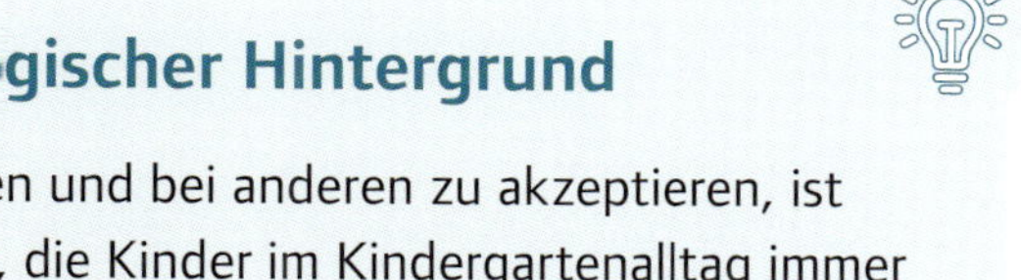

Pädagogischer Hintergrund

Selbst Grenzen zu setzen und bei anderen zu akzeptieren, ist eine soziale Kompetenz, die Kinder im Kindergartenalltag immer wieder üben. Dabei müssen sie unter anderem eigene Bedürfnisse zurückstellen, die Sicht der anderen wahrnehmen und akzeptieren sowie die Grenze zwischen Spielspaß und Ernst spüren. Die vorgeschlagene Geste, verbunden mit dem Satz „Halt, Stopp! Ich will das nicht!", kann mit diesem Stück in der Gruppe eingeführt werden. Sie hilft Kindern einerseits, Grenzen deutlich zu setzen, und andererseits, Grenzen bei anderen wahrzunehmen. Außerdem schärft sie bei den Kindern das Bewusstsein dafür, dass sie Grenzen setzen können.

Das Handpuppen-Stück

Nele kommt voller Vorfreude aus ihrem Koffer.

Heike: Hallo, Nele, du hast heute aber gute Laune.

Nele: Ja, weil ich euch heute etwas ganz, ganz Wichtiges zeigen will!

Heike: Da bin ich jetzt aber gespannt.

Nele: *(begeistert)* Wir haben gestern in unserem Kindergarten was ganz Tolles gelernt!

Heike: Na, dann zeig mal.

Nele: Also, man muss seine Hand so vor sich halten. *(hält die Hand mit der Handfläche nach vorn, der Arm ist dabei gestreckt)*

Heike: Okay, probiere ich mal aus. So?

Nele: Ja, genau. Und jetzt musst du noch sagen: „Halt, Stopp! Ich will das nicht!"

Heike: Warum das?

Nele: Ach, mach mal. Ich zeig es dir. *(macht die Geste und sagt laut)* Halt, Stopp! Ich will das nicht!

Heike: Okay, ich probiere es. *(macht die Geste und sagt den Satz)* So?

Nele: *(begeistert)* Ja, genau.

Heike: Und wofür ist das?

Nele: Na, wenn man etwas nicht will, dann kann man das so sagen.

Heike: Das ist toll. Das macht ihr jetzt in eurem Kindergarten so?

Nele: Ja, genau! Weil es immer so viel Streit gab.

Heike: Es gab Streit?

KONFLIKTE

Nele: Ja, neulich zum Beispiel hat der Jan die Lisa gekitzelt. Zuerst fand Lisa das toll, dann aber nicht mehr und der Jan hat nicht aufgehört.

Heike: Hat Jan das denn gemerkt, dass Lisa nicht mehr wollte?

Nele: Das weiß ich nicht, vielleicht hat Lisa das ja nur ganz leise gesagt.

Heike: Ach, ich verstehe. Und damit Lisa deutlich sagen kann, was sie nicht will, habt ihr jetzt diese Geste?

Nele: Ja, und wenn das andere Kind immer noch nicht aufhört, dann kriegt es Ärger von den Erwachsenen!

Heike: Alles klar. Das ist eine tolle Idee.

Nele: Ja, finde ich auch!

Heike: Hm, so eine tolle Geste könnten wir hier eigentlich auch machen.

Nele: Ja, klar! Ich kann das ja auch den Kindern beibringen!

Heike: Ja, wunderbar! Mach das!

Nele: *(übt Geste und Satz mehrmals mit den Kindern)*

Heike: Das klappt ja schon wunderbar!

Nele: Ich bin ja auch eine gute Lehrerin.

Heike: *(lacht)* Stimmt!

Nele: Dann kann ich ja jetzt gehen.

Heike: Warte mal, Nele! Erklär doch noch mal genau, wann man diese Geste macht.

Nele: Also, meine Erzieherin hat gesagt, man soll das immer dann machen, wenn man etwas nicht will.

Heike: Na, das ist ja einfach. Und wenn der andere trotzdem weitermacht?

Nele: Dann sagt man das noch einmal und noch deutlicher. So: *(macht die Geste und sagt den Satz laut).*

Heike: Oh, das können wir auch noch mal üben!

Nele: Gern. Also, Hand raus und jetzt laut und deutlich: „Halt, Stopp! Ich will das nicht!"

Heike: Toll, das muss jetzt aber wirklich jeder verstehen.

Nele: Ja, jetzt muss ich aber los, Tom war gestern nicht da. Dem muss ich das unbedingt zeigen! Tschüss, Heike!

Heike: Tschüss, Nele!

Tipps

- In der ersten Zeit werden einige Kinder diese Geste häufig ausprobieren und auch in Situationen, wenn sie etwas tun sollen (z. B. Aufräumen). Dann kann mit Nele als Lösungserfinderin in einem nächsten Handpuppen-Stück die Anwendung der Geste eingegrenzt werden.
- Besonders schüchterne Kinder brauchen manchmal eine zusätzliche Ermutigung, die Geste tatsächlich einzusetzen.

KONFLIKTE

DAS „KÜSSEN VERBOTEN"-SCHILD

- **Thema:** Grenzen setzen
- **Situation:** Tante Inge kommt zu Besuch und Nele braucht ein Schild, auf dem „Küssen verboten" steht, um dem obligatorischen Begrüßungskuss zu entgehen.
- **Requisiten:** 1 Bogen Pappe, 1 wasserfester Fasermaler

Pädagogischer Hintergrund

Einen Kuss oder eine Umarmung zur Begrüßung oder zum Abschied empfinden die meisten Kinder als unangenehm. Aus Höflichkeit oder um den Gast nicht zu verärgern, werden viele Kinder trotzdem dazu gedrängt. Dieses Stück bietet einen Ausgangspunkt, um darüber ins Gespräch zu kommen. Nach diesem Stück kann es sein, dass Kinder sich öffnen und von eigenen Erfahrungen berichten. Sollten hierbei Hinweise zu sexuellem Missbrauch auftauchen, sollten diese bewusst wahrgenommen und dann entsprechend gehandelt werden.

Das Handpuppen-Stück

Nele kommt eilig aus ihrem Koffer.

Heike: Hallo, Nele, hast du es heute eilig?

Nele: Hallo, Heike, ja, denn heute brauche ich unbedingt deine Hilfe!

Heike: Okay.

Nele: Guck mal in meinen Koffer. Ich hab da extra was mitgebracht.

Heike: *(holt Pappe und Stift heraus)* Aha, Pappe und Stift.

Nele: Ja, das wird ein Schild. Und du musst das schreiben.

Heike: Wofür brauchst du denn ein Schild?

Nele: Weil Tante Inge zu Besuch kommt …

Heike: Tante Inge?

Nele: Ja, also das ist nicht so richtig meine Tante, eher die Tante von Papa oder so. Die ist auf jeden Fall schon ganz, ganz alt.

Heike: Okay, und die kommt zu Besuch?

Nele: Ja.

Heike: Und warum brauchst du da ein Schild?

Nele: Weil die mich immer küssen will.

Heike: Immer?

Nele: Ja, also zur Begrüßung und zum Abschied.

Heike: Oh, das kenne ich. Das war früher so üblich und ältere Leute machen das heute noch so.

Nele: Das sagt Mama auch. Und dass ich nix sagen soll, weil das unhöflich wäre. Aber ich mag das gar nicht!

KONFLIKTE

Heike: Ach so.

Nele: Ja, und deshalb habe ich mir die Sache mit dem Schild ausgedacht.

Heike: Und was soll ich darauf schreiben?

Nele: *(betont)* Küssen verboten!

Heike: Okay. *(schreibt auf die Pappe)*

Nele: Da steht jetzt „Küssen verboten"?

Heike: Ja.

Nele: Und wenn ich mir das um den Hals hänge, dann können das alle Erwachsenen lesen?

Heike: Klar.

Nele: Wunderbar! So wollte ich das.

Heike: Und das hängst du dir nachher um?

Nele: Ja, ich muss gleich nur noch eine Schnur daranmachen.

Heike: Die Idee finde ich toll. Dann brauchst du nichts zu sagen und Tante Inge kann das lesen.

Nele: Genau! Und ich muss die nicht küssen. Ich will das nämlich nicht.

Heike: Das finde ich richtig. Küssen soll man doch nur, wenn man das wirklich will.

Nele: Hm, eigentlich bräuchte ich sogar noch ein Schild.

Heike: Was soll denn darauf stehen?

Nele: „Über die Haare streichen verboten."

Heike: Macht Tante Inge das auch?

Nele: Ja, darf die das?

Heike: Nur, wenn du das möchtest. Berühren lassen muss man sich nicht, wenn man das nicht will.

Nele: Genau, und ich will das nicht, aber das eine Schild ist schon mal super.

Heike: Ja, finde ich auch.

Nele: Jetzt muss ich aber los.

Heike: Tschüss, Nele.

Nele: Tschüss.

Weiterführende Aktionen

- Im nächsten Stück kann Nele dann erzählen, das Tante Inge erst mal sehr erstaunt war, dann aber tatsächlich auf den Kuss verzichtet hat.
- Wenn die Missbrauchsprävention verstärkt werden soll, erzählt Nele, dass Tante Inge nicht auf das Schild geachtet hat, und Heike überlegt gemeinsam mit den Kindern, was Nele dann machen kann.

KONFLIKTE

ABER DAS IST MEINE PUPPE

- **Themen:** Teilen, Freundschaft
- **Situation:** Als Lisa gestern bei Nele zu Besuch war, gab es Streit. Nele wollte nicht, dass Lisa mit ihrer Puppe spielt. Gemeinsam mit den Kindern überlegen Nele und Heike, wie so eine Situation gut gelöst werden kann.
- **Requisiten:** 1 kleine Puppe

Pädagogischer Hintergrund

Teilen ist eine große Herausforderung für Kinder, besonders wenn es um ihr eigenes und dazu noch attraktives Spielzeug geht. Um Dinge abzugeben, müssen Kinder die Wünsche des*der anderen wahrnehmen und für wichtig erachten, ihr eigenes Bedürfnis zurückstellen und sich von ihrem egozentrischen Denken lösen. Da Kinder im Alter von zwei bis drei Jahren zusätzlich gerade erst gelernt haben, zwischen „mein" und „dein" zu unterscheiden, fällt es dieser Altersgruppe besonders schwer.

Das Handpuppen-Stück

Nele kommt traurig aus ihrem Koffer und hat eine kleine Puppe in der Hand.

Heike: Oh, Nele, du siehst heute so traurig aus …

Nele: Ja, bin ich auch.

Heike: Was hast du denn da mitgebracht?

Nele: Meine Lieblingspuppe.

Heike: Die hat das was mit deiner Traurigkeit zu tun?

Nele: Ja und nein.

Heike: Erzähl mal!

Nele: Also, gestern war Lisa bei mir.

Heike: Und?

Nele: Erst haben wir ganz toll gespielt, aber dann …

Heike: Was war dann?

Nele: Lisa und ich wollten beide die Mama von meiner Puppe sein.

Heike: Ja, und?

Nele: Das ist doch meine Lieblingspuppe. Also bin ich doch die Mama!
(drückt die Puppe fest an sich)

Heike: Oh, ich ahne schon. Du hast Lisa nicht mit deiner Puppe spielen lassen.

Nele: Ja.

Heike: Und dann gab es Streit.

Nele: Natürlich, weil Lisa auch so gern mit der Puppe spielen wollte!

KONFLIKTE

Heike: Und Lisa durfte nur zugucken?

Nele: Genau, und dann hat Lisa gesagt, sie ist nicht mehr meine Freundin.

Heike: Und dann?

Nele: Dann hat ihre Mutter sie abgeholt. Und jetzt bin ich traurig.

Heike: Das kann ich verstehen. Wie willst du das mit Lisa denn klären?

Nele: Keine Ahnung.

Heike: Fragen wir doch mal die Kinder, was sie machen würden. Kinder, was kann Nele jetzt machen? *(Die Kinder antworten.)*

Nele: Ihr meint, ich soll mich bei Lisa entschuldigen?

Heike: Ich finde, das ist ein guter Weg.

Nele: Hm, okay.

Heike: Und wir können ja mal überlegen, wie ihr so etwas beim nächsten Mal klären könnt.

Nele: Au ja!

Heike: Kinder, wie macht ihr das, wenn es nur ein Spielzeug gibt und mehrere Kinder damit spielen möchten?
(Heike moderiert die Antworten der Kinder. Mögliche Antworten: sich abwechseln, beide spielen etwas anderes, zusammen spielen, das Lieblingsspielzeug vorher wegräumen, ein Kind verzichtet auf das Spielzeug.)

Nele: Boah, das sind ja tolle Ideen! Die merke ich mir!

Heike: Ja, wunderbar! Wenn es das nächste Mal Streit gibt, könnt ihr die ja ausprobieren!

Nele: Au ja! Jetzt muss ich mich aber erst mal bei Lisa entschuldigen. Tschüss, Heike!

Heike: Tschüss, Nele!

Tipp

Ähnlich wie beim Handpuppen-Stück „Der Marmeladenstreit" können Sie auch noch auf die Herausforderung eingehen, die damit verbunden ist, sich zu entschuldigen.

KONFLIKTE

DIE IMMER-BESTIMMERIN

- **Thema:** Teamfähigkeit
- **Situation:** In Neles Kindergartengruppe gibt es ein neues Mädchen, das immer bestimmen will, was gespielt wird. Nele nervt das sehr. Gemeinsam mit den Kindern überlegen Heike und Nele, was man da tun kann.
- **Requisiten:** keine

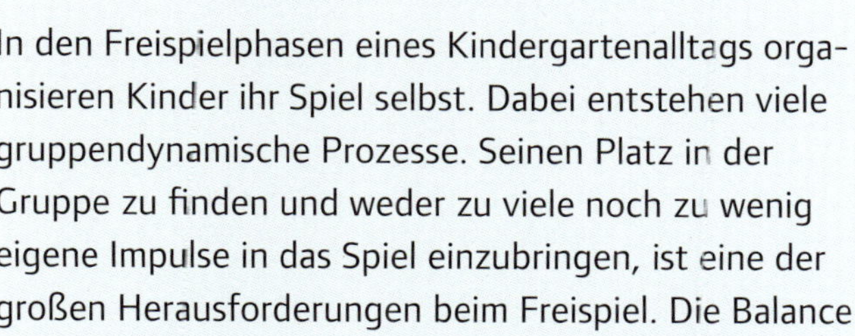

Pädagogischer Hintergrund

In den Freispielphasen eines Kindergartenalltags organisieren Kinder ihr Spiel selbst. Dabei entstehen viele gruppendynamische Prozesse. Seinen Platz in der Gruppe zu finden und weder zu viele noch zu wenig eigene Impulse in das Spiel einzubringen, ist eine der großen Herausforderungen beim Freispiel. Die Balance zwischen Durchsetzungsstärke und Teamfähigkeit ist hierbei gefragt.

Das Handpuppen-Stück

Nele kommt verärgert aus ihrem Koffer.

Heike: Hallo, Nele!

Nele: Hallo, Heike!

Heike: Oh, Nele, was ist denn heute bei dir los?

Nele: Ach, ich freue mich heute so gar nicht auf meinen Kindergarten ...

Heike: Was ist denn los?

Nele: Weißt du, da ist doch die Neue, die Charlotte.

Heike: Und?

Nele: Und die will immer bestimmen! Immer will die sagen, was wir spielen sollen und so.

Heike: Hm, das verstehe ich noch nicht so ganz.

Nele: Also, gestern haben wir in der Bauecke einen Turm gebaut. Und Charlotte hat immer gesagt, wo die Steine hinkommen sollen. Und dann wollten wir darin mit den kleinen Holzmännchen wohnen, aber Charlotte hat gesagt, das dürfen wir nicht. Immer will die bestimmen. Die ist eine richtige Immer-Bestimmerin!

Heike: Oh, und du wolltest auch bestimmen?

Nele: Klar, man muss doch abwechselnd bestimmen, sonst macht das doch keinen Spaß!

Heike: Ach ja, solche Situationen kenne ich. Die gibt es hier im Kindergarten auch.

Nele: Echt?

Heike: Ja, klar. Sich zu einigen, was und wie gespielt wird, ist ja auch schwierig.

Nele: Und wie macht ihr das hier, wenn ein Kind immer bestimmen will?

Heike: Fragen wir doch mal die Kinder.

KONFLIKTE

Nele: Au ja!

Heike: Kinder, was kann Nele machen, wenn die Charlotte aus ihrem Kindergarten immer bestimmen will? Was macht ihr in solchen Situationen?
(Heike moderiert die Antworten der Kinder. Mögliche Antworten: allein etwas anderes spielen, mit anderen Kindern spielen, Charlotte sagen, dass Nele auch mal bestimmen will, einen Erwachsenen dazuholen. – Wenn Nele vorschlägt, Charlotte zu hauen, interveniert Heike und sucht mit den Kindern nach anderen Lösungen.)

Nele: Boah, hätte ich gar nicht gedacht, dass es so viele Möglichkeiten gibt!

Heike: Ja! Welche gefällt dir am besten?

Nele: Hm, weiß nicht.

Heike: Was magst du bei Charlotte ausprobieren?

Nele: Ich glaube, ich sage Charlotte, dass sie mich auch bestimmen lassen soll, weil ich sonst nicht mehr mit ihr spiele!

Heike: Das finde ich eine gute Idee.

Nele: Das probiere ich gleich mal aus. Tschüss, Heike!

Heike: Tschüss, Nele!

Tipp

Die gefundenen Lösungen passen zu vielen Streitsituationen. Daher eignet sich dieses Stück nicht nur dann, wenn gerade ein Kind viel bestimmen will, sondern auch dann, wenn es insgesamt viele Auseinandersetzungen zwischen Kindern gibt.

THEMA: GUTES MITEINANDER

SCHLIMME WÖRTER

- **Thema:** Schimpfwörter
- **Situation:** Nele hat sich gestern mit Tom lauter Schimpfwörter ausgedacht. Das war so lustig, dass sie es heute mit Heike direkt noch einmal spielen will. Heike klärt mit ihr, warum man solche Wörter eigentlich nicht bzw. nur im Spiel sagt.
- **Requisiten:** keine

Pädagogischer Hintergrund

Schimpfwörter oder auch Wörter aus der Fäkalsprache üben eine große Faszination auf Kinder aus. Sie wissen einerseits, dass sie diese Wörter nicht sagen sollen, und spielen mit dem Verbot. Andererseits verleihen sie Kindern die Macht der Aufmerksamkeit (ein laut ausgesprochenes Schimpfwort bringt zum Beispiel an der Verwandtschaftskaffeetafel deutlich mehr Aufmerksamkeit als alles andere, was Kinder sagen könnten). Oft testen Kinder solche Wörter an mehreren Erwachsenen. Die Bandbreite der Reaktionen reicht hierbei von Schimpfen oder Betonen, dass man solche Wörter nicht hören möchte, über Ignorieren bis zum Mitmachen, je nach eigener Haltung der Erwachsenen.
Dieses Stück erklärt, warum solche Wörter normalerweise nicht gesagt werden sollten, und unterscheidet zwischen Schimpfwörtern und Quatschwörtern.

Das Handpuppen-Stück

Nele kommt fröhlich hüpfend und kichernd aus ihrem Koffer.

Heike: Hallo, Nele!

Nele: Hallo, du Pupsnase! *(kichert)*

Heike: *(kritisch)* Nele?

Nele: Ja, du, *(überlegt kurz)* äh, du Nasenpups! *(kichert wieder)*

Heike: *(empört)* Nele, so was sagt man doch nicht!

Nele: Ach, Heike, das weiß ich doch. Aber das macht so einen Spaß!

Heike: Hm, mir nicht.

Nele: Ach, ihr Erwachsenen seid ja manchmal auch komisch.

Heike: Wie kommst du denn auf solche Wörter?

Nele: *(lacht)* Die habe ich mir gestern mit Tom ausgedacht!

Heike: *(zweifelnd)* Und das war lustig?

Nele: Ja, klar! Wir haben den ganzen Nachmittag so gelacht und da wollte ich das mit dir weiterspielen.

Heike: *(lacht)* Okay, ich glaube, dafür bin ich tatsächlich zu erwachsen. Solche Wörter sage ich nicht.

GUTES MITEINANDER

Nele: *(enttäuscht)* Echt? Schade. *(kleine Pause)* Warum denn eigentlich nicht?

Heike: Mir machen die keinen Spaß. Hast du denn eine Idee, warum man solche Wörter nicht sagt und warum ich die blöd finde?

Nele: Hm, keine Ahnung, die sind doch so lustig!

Heike: Na ja, für denjenigen, der sich die Worte ausdenkt vielleicht. Aber ich fand es gerade gar nicht lustig, Pupsnase genannt zu werden.

Nele: Ach so! Das war doch nur Spaß!

Heike: Ja, aber das weiß die andere Person vielleicht nicht und fühlt sich dann komisch, oder ist sogar beleidigt.

Nele: Hm, okay. Ich möchte ja auch nicht von irgendjemandem Nasenpups genannt werden.

Heike: Genau. Auch wenn solche Quatschwörter nicht so schlimm sind wie richtige Schimpfwörter.

Nele: Du meinst so was wie Arschloch?

Heike: Ja, genau.

Nele: Bei der Oma von Lisa muss man sich für solche Wörter sogar den Mund auswaschen.

Heike: Echt? Das finde ich aber blöd.

Nele: Ja, finde ich auch.

Heike: Hier im Kindergarten darf man solche Wörter einfach gar nicht sagen. Das ist eine Regel bei uns.

Nele: Okay, diese Regel gibt es bei uns auch. *(überlegt)* Dann spiele ich das Spiel wohl besser nur zu Hause und nur mit Tom. Dann wissen wir beide, dass es nur Quatsch ist.

Heike: Das ist eine gute Idee. Ihr findet das ja beide lustig.

Nele: Ja, und wie! Jetzt muss ich aber erst mal los in meinen Kindergarten. Tschüss, Heike!

Heike: Tschüss, Nele!

Tipp

Bei diesem Stück kommt es sehr auf den in der Einrichtung üblichen Umgang mit Schimpfwörtern an und das Handpuppen-Stück sollte entsprechend angepasst werden. Bei einem lockeren Umgang kann auch eine Runde „beste Quatschwörter" eingefügt werden. Dann dürfen die Kinder sich Wörter ausdenken. Nele macht begeistert mit und ein (zumindest für die Kinder) lustiges Sprachspiel entsteht.

GUTES MITEINANDER

SPITZE NAMEN

- **Thema:** Spitznamen
- **Situation:** Nele hat gestern in ihrem Kindergarten erlebt, wie aus einem lustigen Spiel ein Spiel wurde, das andere abwertet. Sie überlegt zusammen mit Heike und den Kindern, wie man damit umgehen kann.
- **Requisiten:** keine

Pädagogischer Hintergrund

Spitznamen sind in Gruppen immer wieder mal ein Thema. Wenn sie zu Ausgrenzung oder Abwertung genutzt werden, sollten die pädagogischen Fachkräfte eingreifen. Hierbei gilt es, wie bei allen Mobbing-Situationen, die Zuschauenden bzw. die einfach Mitmachenden zu mobilisieren und zum Handeln zu bewegen. Zivilcourage fängt schon bei Kindern an.

Das Handpuppen-Stück

Nele kommt aufgeregt aus ihrem Koffer.

Nele: Mann, Mann, Mann!

Heike: Oh, hallo, Nele.

Nele: Hallo.

Heike: Was ist denn mit dir los?

Nele: *(aufgeregt)* Ich bin in einer ganz doofen Situation!

Heike: Oh! *(kurze Pause)* Du bist aber aufgeregt.

Nele: Ja!

Heike: Was ist denn da los?

Nele: Also, das war gestern in meinem Kindergarten. Da hat der Tom sich ein super Spiel ausgedacht. Er und Jan und ich haben uns lauter Quatschnamen ausgedacht.

Heike: Na, das klingt ja erst mal ganz okay.

Nele: Ja, war es auch. Ich bin auf lauter lustige Namen gekommen, so wie Tom-komm und Jan-kann und so und wir hatten richtig viel Spaß.

Heike: Und dann?

Nele: Dann hat sich Jan Lisa-Popisa ausgedacht und er und Tom haben Lisa dann immer so genannt.

Heike: Und?

Nele: Na Po … Lisa. Also, Popo-Lisa, das ist doch ein doofer Name!

Heike: Ach stimmt, so einen Spitznamen möchte ich auch nicht haben.

Nele: Spitzname? Was ist das?

Heike: Ja, wenn man jemanden etwas anders nennt, dann heißt das Spitzname. Meine Mutter hat mich früher immer Heikchen genannt.

GUTES MITEINANDER

Nele: Und? Fandest du das gut?

Heike: Ich fand das richtig gut. So hat mich nämlich nur meine Mama genannt. Das war also etwas Besonderes. Ich fand das spitze.

Nele: *(lacht)* Ein spitzen Spitzname also!

Heike: *(lacht ebenfalls)* Ja, stimmt.

Nele: *(wieder traurig)* Lisa-Popisa ist aber gar nicht spitze, das ist doof.

Heike: Fand Lisa das auch?

Nele: Ja, die hat sogar fast ein bisschen geweint!

Heike: Und Jan und Tom?

Nele: Die haben einfach weitergemacht, die fanden das lustig!

Heike: Und du?

Nele: Na, ich wollte ja weiter mitspielen, aber Lisa ärgern wollte ich nicht.

Heike: Das verstehe ich gut. Und dann?

Nele: Dann war zum Glück Abholzeit und wir sind nach Hause gegangen. Aber heute wollen Jan und Tom weiterspielen!

Heike: Und du weißt nicht, wie du dich verhalten sollst?

Nele: Ja. Tom ist doch mein bester Freund.

Heike: Oh ja, ich verstehe. Sollen wir mal die Kinder fragen, ob die eine Idee haben?

Nele: Ja, gerne!

Heike: Kinder, habt ihr eine Idee, was Nele machen kann? *(Heike moderiert die Antworten der Kinder. Mögliche Antworten: nicht mehr mitspielen, es der*dem Erzieher*in sagen, Jan und Tom auch Spitznamen geben, mit Tom reden, nur mitspielen, wenn die Namen spitze sind usw. Sollte den Kindern nichts einfallen, kann Nele Heike fragen, was sie denn machen würde.)*

Heike: Na, schau mal, Nele, da haben wir doch schon viele Ideen gesammelt.

Nele: Ich weiß grad gar nicht, welche die beste Idee ist.

Heike: Also, ich finde, mit den beiden Jungen zu reden und nur gute Namen zu nehmen, sind die besten Möglichkeiten.

Nele: *(überlegt)* Hm, also sagen, dass ich Ärgern doof finde und nur bei guten Namen mitmache?

Heike: Ja, zum Beispiel.

Nele: Und wenn die dann wieder ärgern?

Heike: Ich glaube, das kann helfen.

Nele: Und wenn nicht?

Heike: Dann hast du ja noch die anderen Möglichkeiten. Du kannst es einer Erzieherin oder einem Erzieher sagen oder einfach mit anderen Kindern spielen.

Nele: *(fröhlich)* Stimmt! Ich versuche das gleich mal. Tschüss!

Heike: Tschüss, Nele!

GUTES MITEINANDER

RÄUBER*INNEN UND PRINZESSINNEN UND PRINZEN

- **Thema:** gutes Benehmen
- **Situation:** Nele hat heute Morgen beschlossen, eine Räuberin zu sein, und benimmt sich entsprechend. Heike möchte sie davon überzeugen, lieber eine Prinzessin zu sein, und gemeinsam mit den Kindern überlegen sie, wie sich Prinzen, Prinzessinnen oder feine Damen benehmen.
- **Requisiten:** 1 Räuber*innenhut, 1 Prinzessinnen-/Prinzenkrone

Pädagogischer Hintergrund

Kinder im Kindergartenalter lieben es, in verschiedene Rollen zu schlüpfen. Die Rollen „Räuber*in" und „Prinzessin" bzw. „Prinz" regen dazu an, über Höflichkeit und gutes Benehmen nachzudenken. Die Regeln eines guten Miteinanders können so spielerisch erprobt werden.

Das Handpuppen-Stück

Nele kommt mit einem Hut auf dem Kopf aus dem Koffer.

Heike: Oh, hallo, Nele.

Nele: Hallo, du Popelkopf!

Heike: *(zweifelnd)* Nele, alles in Ordnung mit dir?

Nele: *(großspurig)* Na klar, was sollen wir heute mal klauen?

Heike: *(verwirrt)* Klauen? Nele, bist du das?

Nele: *(kichert und flüstert, zu Heike gewandt)* Nee, oder nur halb. Ich bin doch heute eine Räuberin!

Heike: Was bist du?

Nele: *(großspurig)* Ich bin Renata Raubein, die gefürchtetste Räuberin der ganzen Stadt!

Heike: Oh, ach so, deshalb auch der Hut!

Nele: Klar, ein Räuberinnenhut gehört doch zu jeder ordentlichen Räuberin. *(zieht die Nase hoch)*

Heike: Nele!

Nele: Was? Das machen Räuber so!

Heike: Okay, stimmt, die putzen sich nicht ordentlich die Nase.

Nele: Nee! Und das machen sie auch: *(rülpst).*

Heike: Nele!

Nele: *(rülpst noch einmal, lacht dann, zu Heike gewandt)* Das hat mir mein großer Bruder gestern beigebracht!

Heike: Was?

Nele: *(ganz begeistert)* Na, das Rülpsen! Ist ganz einfach! Du musst nur Luft runterschlucken.

GUTES MITEINANDER

Nele: Probier doch mal!

Heike: Nele! So etwas mache ich nicht. So was macht man nicht.

Nele: Na ja, außer man ist ein Räuber oder eine Räuberin.

Heike: Okay, das stimmt.

Nele: Dann darf man auch popeln und ganz viele Schimpfwörter sagen. Soll ich mal?

Heike: Nein! Mensch, Nele, kannst du nicht lieber eine Prinzessin sein?

Nele: *(überlegt)* Kann ich auch. Hast du eine Krone?

Heike: Ja, hier. *(holt Krone hervor)*

Nele: Mach mal auf meinen Kopf!

Heike: *(tauscht Räuberhut gegen Krone)* So, das sieht doch besser aus.

Nele: Und jetzt? Wie soll ich mich jetzt benehmen?

Heike: Hm, wie eine feine Dame auf jeden Fall.

Nele: Und wie geht das?

Heike: Fragen wir doch mal die Kinder. Kinder, was meint ihr, wie benehmen sich feine Damen, Prinzessinnen oder Prinzen? *(Heike moderiert die Antworten der Kinder. Ggf. regt sie das Gespräch durch gezielte Fragen an.)*

Nele: Ui, das ist aber anstrengend. Ich probier mal.

Heike: Au ja!

Nele: *(näselnd)* Guten Tag, meine Damen und Herren. Könnte ich eventuell einen Tee bekommen?

Heike: Ja, so gefällt es mir schon viel besser!

Nele: Hm, ich fand die Räuberin besser! Das ist lustiger!

Heike: Na ja, die macht lauter Dinge, die man sonst nicht darf ...

Nele: Genau! Wäre das nicht toll, wenn sich alle wie Räuberinnen und Räuber benehmen?

Heike: Nein, auf keinen Fall!

Nele: Wieso?

Heike: Also, ich will nicht ständig mit Schimpfwörtern angeredet werden.

Nele: Okay.

Heike: Und Nase hochziehen und rülpsen finde ich auch ziemlich ekelig.

Nele: Okay, aber für einen Tag, da darf ich doch Räuberin sein?

Heike: Ja, von mir aus gern.

Nele: Cool, dann erklär ich das gleich Tom in meinem Kindergarten. Tschüss, Heike!

Heike: Tschüss, Nele!

Weiterführende Aktionen

- Im weiteren Kindergartenalltag können Sie immer wieder mal auf dieses Stück Bezug nehmen, indem Sie gemeinsam mit den Kindern überlegen, wie sich wohl Prinzen oder Prinzessinnen in bestimmten (Streit-) Situationen verhalten würden.
- Auch beim gemeinsamen Essen kann zwischen Räuberhöhle und Königshof unterschieden und Benimmregeln so spielerisch trainiert werden.

GUTES MITEINANDER

FEINE LEUTE

- **Thema:** gutes Benehmen
- **Situation:** Nele hat bei ihrer Freundin Lisa übernachtet und ist ganz erschöpft vom guten Benehmen, das sie da zeigen musste.
- **Requisiten:** keine

Pädagogischer Hintergrund

Kinder im Kindergartenalter beobachten sehr genau, wer sich wann und wo wie verhält. Sie unterscheiden zwischen den Welten, in denen sie leben. Deshalb benehmen sie sich anderswo oft viel besser als zu Hause und haben ein feines Gespür dafür, was sie sich z. B. bei den Großeltern mehr erlauben können. Auch die Kindergartenwelt kann sich je nach sozialer und kultureller Situation sehr von der Welt zu Hause unterscheiden.

Das Handpuppen-Stück

Nele kommt sehr erschöpft aus ihrem Koffer.

Nele: Uff, hallo, Heike.

Heike: Hallo, Nele.

Nele: Mann, Mann, Mann, bin ich müde.

Heike: Was ist denn los?

Nele: Ich habe von gestern auf heute bei Lisa übernachtet.

Heike: Oh, ich ahne es schon. Ihr habt gestern wahrscheinlich noch lange geredet …

Nele: Ja, das auch …

Heike: Und was noch?

Nele: Und es war so anstrengend bei Lisa!

Heike: *(verwundert)* Wieso das?

Nele: Na, weil das so feine Leute sind!

Heike: Ach, das musst du mir erklären!

Nele: Also, die sagen immer „Bitte" und „Danke" zum Beispiel.

Heike: Und das machst du nicht?

Nele: Also, zu Hause nicht so.

Heike: Und?

Nele: Beim Essen bei denen, da muss man immer gerade sitzen, mit Messer und Gabel essen und so …

Heike: Na, das ist doch gut!

Nele: Na ja. Zu Hause darf ich manchmal mit Fingern essen, das ist viel einfacher.

GUTES MITEINANDER

Heike: Okay, ich verstehe. Und bei Lisa hast du dich also gut benommen?

Nele: Ja, so gut es ging. Also keine Schimpfwörter gesagt und so zum Beispiel. Wie wenn wir bei meiner Uroma sind.

Heike: Ach ja. Und das war anstrengend?

Nele: Ja.

Heike: Sollen wir mal die Kinder fragen, ob sie auch schon mal woanders geschlafen haben und bei wem?

Nele: Au ja.

Heike: Wer von euch hat schon mal woanders als zu Hause geschlafen? Und wie war das? *(Heike moderiert die Antworten der Kinder.)*

Heike: Oh, schön! So viele Kinder haben schon mal bei Oma und Opa übernachtet oder bei einem Freund oder einer Freundin.

Nele: *(müde)* Ja.

Heike: Du bist aber wirklich müde, stimmt's?

Nele: *(gähnt)* Ja, ich glaube, ich leg mich gleich in meinem Kindergarten erst mal in die Kuschelecke.

Heike: Mach das. Tschüss, Nele!

Nele: Tschüss, Heike!

Tipp

Mit älteren oder sprachlich sehr fitten Kindern kann Heike im Anschluss ein Gespräch darüber beginnen, welche Regeln wo gelten und wie sich die Kinder wo benehmen.